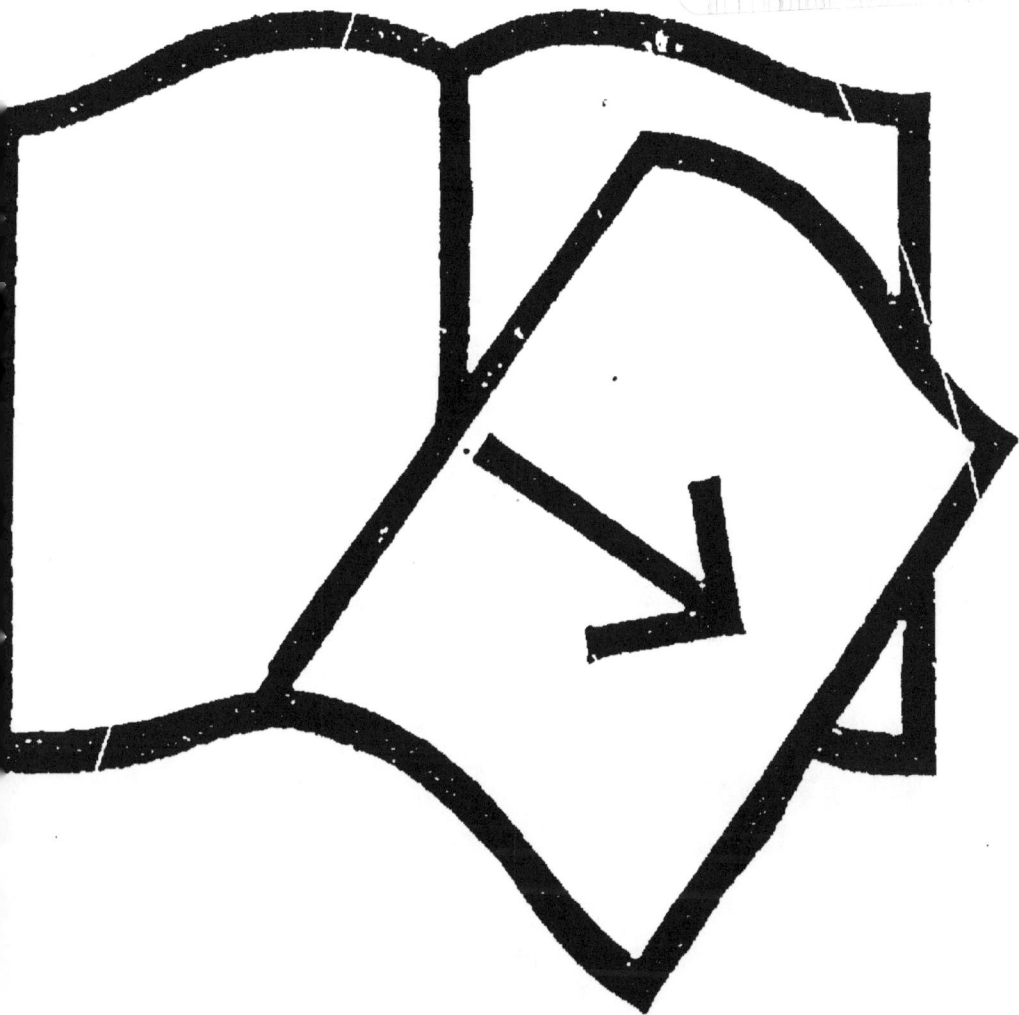

Documents manquants (pages, cahiers...)

NF Z 43-120-13

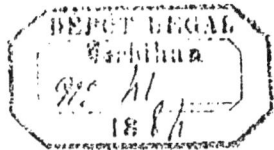
PHILOSOPHIE

Introduction.

La science. — Classification des sciences. — Qu'appelle-t-on philosophie des sciences, de l'histoire ? — Objet propre de la philosophie, ses divisions.

La science est la connaissance des causes et des lois.
Elle nous dit le comment et le pourquoi des choses.
Le comment des choses, c'est *la loi.*
Le pourquoi, c'est *la cause.*
La faiblesse de l'esprit humain et la nécessité de mettre de l'ordre dans ses connaissances ont fait diviser la science universelle en autant de sciences particulières qu'elle renferme de matières distinctes.

Classification des sciences.

Bacon et les Encyclopédistes ont classé les sciences en sciences de Mémoire, d'Imagination et de Raison.

	Mémoire		*Imagination*		*Raison*
Histoire {	ecclésiastique, civile, naturelle, etc.	*Poésie* {	narrative, dramatique, parabolique, etc.	*Science* {	de Dieu, de l'Homme, de la nature.

De nos jours, on divise les sciences en sciences physiques,

sciences abstraites et sciences morales, selon que leur objet appartient à l'ordre physique ou matériel, à l'ordre abstrait ou mathématique, à l'ordre moral ou intellectuel.

1° *Sciences de la nature.*

A nos yeux se présentent tout d'abord les corps.

Ils sont bruts, inorganiques; ou vivants, organisés.

Les corps vivants comprennent les plantes et les animaux, objet de la Botanique et de la Zoologie.

La physiologie, la médecine, l'anatomie sont aussi des sciences biologiques.

Les corps bruts peuvent être étudiés dans leurs phénomènes accidentels ou dans leurs changements intimes, et l'on a la Physique et la Chimie.

La Géologie, la Minéralogie, l'Astronomie sont aussi des sciences physiques.

2° *Sciences exactes.*

Les sciences exactes ou mathématiques ont pour objet l'étude des propriétés abstraites de la matière. Elles traitent du nombre, de l'étendue, du mouvement, considérés indépendamment de tout sujet. Arithmétique et Algèbre, Géométrie, Mécanique, Trigonométrie.

3° *Sciences morales.*

Les sciences morales ont pour objet l'étude des natures spirituelles. On peut les diviser en 4 classes.

1° Les sciences sociales, qui ont pour objet l'homme vivant en société (Droit, politique, Economie politique).

2° Les sciences qui ont pour objet le langage (Philologie).

3° Les sciences historiques.

4° Les sciences philosophiques.

Objet propre de la Philosophie.

Les premiers philosophes grecs, d'abord sous le nom de sages, puis sous le nom plus modeste d'amis de la sagesse, étaient réputés connaître toute science.

Socrate fit descendre la philosophie du ciel sur la terre et la réduisit à la connaissance de l'homme. L'Inscription de Delphe γνωθι ϛεαυτον fut sa devise.

Il est évident d'ailleurs que la connaissance parfaite de l'homme renferme la connaissance de Dieu, son principe et sa fin, la cause suprême. La sagesse, dit Bossuet, consiste à connaître Dieu et à se connaître soi-même. La connaissance de nous-mêmes nous élève à la connaissance de Dieu.

Définition de la Philosophie.

On définit la philosophie : la science des êtres par leurs raisons les plus élevées ; ou bien la connaissance raisonnée de l'homme, du monde et de Dieu.

Le philosophe veut connaître la raison dernière des choses.

Il n'est satisfait qu'après avoir découvert l'origine, la nature, les propriétés essentielles, le rôle, la destinée des êtres ; c'est là la connaissance des causes premières, des raisons d'être les plus élevées, objet et caractère spécial de la science philosophique.

Parmi les êtres qui doivent surtout fixer l'attention, Dieu et l'homme occupent le premier rang. Qui ignore Dieu, ignore le principe de tout ce qui existe. Qui ignore la nature humaine, s'ignore soi-même et ne peut rien comprendre, ni la valeur de la raison, ni le but de la vie.

Il y a entre ces deux objets de la philosophie, Dieu et l'homme, une connexion nécessaire qui constitue l'unité de la science. Il est impossible à l'homme de se bien connaître lui-même sans connaître Dieu, son principe et sa fin. D'autre part, n'est-ce pas en lui-même et dans son âme que l'homme trouve Dieu ? C'est par la connaissance de nous-mêmes que nous nous élevons à la connaissance de l'être des êtres.

Etudiant ce principe de connaissance, qui est l'esprit humain, la philosophie doit étudier les vérités premières qui sont l'objet propre de notre raison et sans lesquelles notre raison n'est pas.

Concevant en dehors de nous un principe d'existence, qui est Dieu, nous nous élevons jusqu'aux sphères transcendantes de l'être et des essences.

Philosophie des sciences, de l'Histoire, etc.

La philosophie n'est plus la science universelle, mais on peut l'appeler la science souveraine, la science suprême. Elle domine les autres sciences : elle en est la mère et la vie.

Toutes les sciences, a dit Descartes, ne sont qu'autant de rameaux d'un arbre dont la philosophie est le tronc.

La philosophie, en effet, explique les notions fondamentales sur lesquelles reposent les autres sciences, par exemple la notion d'étendue pour la géométrie, la notion de droit pour la jurisprudence. De plus, elle justifie les axiomes ou vérités premières, qui font la vie des sciences.

Enfin la philosophie montre quelle est la méthode à suivre dans toute science pour atteindre sa part de vérité.

Si quelquefois les sciences veulent pourtant étudier leurs principes fondamentaux, discuter la valeur de leur méthode, elles entrent alors dans le domaine de la Philosophie, et c'est pourquoi on a donné à cette partie la plus élevée des sciences le nom de Philosophie des sciences.

La philosophie des sciences est : la partie la plus élevée de cette science, qui consiste à étudier les principes ou les vérités qui lui servent de base, la valeur de la méthode par laquelle ces vérités sont développées et les conséquences intellectuelles et morales auxquelles elles conduisent.

La Philosophie de l'histoire est l'étude des évènements humains dans leurs causes, leur enchaînement et leurs principaux effets.

L'historien qui se borne à des noms, des faits et des dates ne fait connaître que le côté matériel et le moins élevé de l'histoire ; l'historien philosophe recherche la cause des évènements, les résultats et les graves leçons qui en découlent. Bossuet (hist. universelle).

L'importance de la Philosophie résulte de la dignité de son objet. Qu'importe la connaissance des autres choses, si nous ignorons quelle est notre nature, quels sont nos devoirs, quelle est notre origine et quelle est notre destinée !

La Philosophie ne peut résoudre toutes les questions sur Dieu, l'homme et le monde ; toutefois elle les étudie et répond avec certitude sur les points les plus essentiels, tels que la spiritualité de l'âme, la liberté, l'obligation et la responsabilité morale, l'existence de Dieu, la vérité d'une autre vie, l'immortalité de l'âme, etc.

Son utilité pratique est évidente. Elle nous apprend à réfléchir, à mettre de l'ordre dans nos pensées (1), à descendre au fond des choses et à ne pas nous payer de mots. Les études philosophiques aiguisent l'esprit, donnent à l'intelligence de

(1) *Sapientis est ordinare*, dit S. Thomas.

la souplesse, de la sagacité, de la justesse et de la précision.

Beaucoup de sciences parlent à l'homme de son corps. La Philosophie lui parle de son âme, de la vérité, de la vertu, et lui rappelle les devoirs qui s'imposent à lui, s'il veut atteindre sa fin. Ne pas se préoccuper de ces questions, ce serait avoir reçu en vain une âme raisonnable.

Le philosophe est l'ami de la sagesse. Il réfléchit, il étudie beaucoup pour connaître un peu.

Le sage est le philosophe pratique. La vérité règle sa doctrine et sa doctrine règle ses actes.

Division de la Philosophie.

La Philosophie peut se diviser, d'après le programme, en Psychologie, Logique, Morale, Métaphysique et Théodicée.

La Psychologie ou science de l'âme étudie les facultés, les opérations de l'esprit humain, sa nature et sa destinée.

La Logique nous fait connaître les lois de l'intelligence et nous apprend à bien penser.

La Morale nous fait connaître les lois de la volonté et nous apprend à bien vivre.

La Métaphysique est la science des premiers principes.

La Théodicée est la science de Dieu.

L'histoire de la Philosophie est le complément nécessaire de l'enseignement philosophique.

Les modernes commencent par la psychologie.

Le premier objet qui s'offre à l'homme, c'est lui-même.

Le monde distinct du *moi* serait pour nous comme s'il n'était pas sans la pensée qui le conçoit. Il faut donc que l'esprit humain commence par s'assurer de sa propre existence. C'est ce qu'a fait Descartes. *Cogito ergò sum.* L'étude de la pensée et de l'esprit, qui en est le sujet, est devenu, dit Cousin, le point du départ, la méthode de la philosophie moderne. Il convient d'avoir une idée générale de l'âme et de connaître ses facultés avant de rechercher quelles sont les lois d'une faculté spéciale et comment nous devons la diriger. La Logique qui dirige l'intelligence précèdera la Morale qui dirige la volonté.

Lorsque nous aurons une idée complète de la nature humaine, nous pourrons essayer d'atteindre jusqu'à la cause première de notre existence, Dieu, car Dieu ne nous est pas immédiatement manifeste, et c'est en connaissant d'abord cet esprit borné, qui est notre âme, que nous pouvons entrevoir

Dieu. L'Homme est à l'image de Dieu : c'est en étudiant la copie que nous pourrons saisir quelques traits du modèle.

Il y a cependant plus d'une raison de traiter de la Théodicée avant la Morale; sans la connaissance de Dieu et de sa justice, il ne peut exister une morale qui soit assise sur des fondements solides. La Morale, dit Janet, est fondée sur la croyance en Dieu souverain auteur et gouverneur du monde, ou elle n'est pas.

Comme préambule à la Théodicée, nous traiterons des notions et des vérités premières, ou de la Métaphysique.

PREMIÈRE PARTIE

—

PSYCHOLOGIE

———

CHAPITRE PRÉLIMINAIRE.

I. — Objet de la Psychologie. — Caractère propre des faits qu'elle étudie.

La Psychologie (ψυχη, λογος) est la science de l'âme et de ses facultés, de ses opérations et des lois qui les régissent.

Elle a proprement pour objet l'homme moral, la nature humaine dans ses traits constitutifs.

Elle étudie : 1° les phénomènes de l'âme, dits faits intérieurs ou de conscience ; 2° les facultés de l'âme ; 3° l'âme humaine dans sa nature ; 4° ses rapports avec le corps ou plus généralement les rapports du physique et du moral.

Caractère des faits qu'étudie la psychologie.

Un fait est ce qui commence et ce qui finit. Le fait est transitoire de sa nature et se distingue par là du principe, qui de sa nature est immuable. On donne aussi au fait le nom de phénomène, qui apparaît. (1)

Les faits qu'étudie la psychologie sont :

1° *Certains.* — Leur certitude repose sur le témoignage de la conscience, dont nous étudierons le caractère et la valeur. Les faits psychologiques ne sont pas moins certains que les faits fournis par l'observation externe. Rejeter ou négliger les faits psychologiques, pour s'en tenir uniquement à ceux de l'ordre matériel, comme si les premiers étaient moins positifs ou moins évidents que les derniers, ne peut être qu'une erreur très funeste. De bonne foi, qui a jamais douté des douleurs

—

(1) φαινομενον.

ou des joies qu'il a éprouvées, des idées et des jugements qui naissent clairement dans son esprit, de ses désirs, de ses résolutions ?

Suis-je plus certain de l'existence d'une pierre, contre laquelle je viens de me heurter, que je ne le suis du sentiment de souffrance que cette chute m'a causé ?

2° *Observables*. — La conscience, sous l'action de la volonté, peut porter sur ces faits une réflexion attentive et persévérante. Cette réflexion interne a ses facilités et ses difficultés particulières.

D'une part, l'objet de la Psychologie est toujours présent, et les phénomènes spirituels sont révélés par la conscience directement et sans intermédiaire.

D'autre part, habitué qu'il est à tout recevoir du dehors depuis l'enfance, l'homme rentre difficilement en lui-même. La rapidité des faits de conscience, la complexité des phénomènes, qui se mêlent, se pénètrent les uns les autres, rend leur observation difficile. Souvent la réflexion suspend et fait évanouir le fait que nous voulons observer. Trouvons le moyen, par exemple, de nous mettre en colère pour étudier en nous cette passion : ou bien l'emportement ne sera pas véritable, ou bien il exclura la réflexion.

Ajoutons les obstacles qui naissent des préjugés et de l'esprit de système.

La psychologie est donc une science, mais une science difficile.

II. — Distinction et relation des faits psychologiques et des faits physiologiques.

Les Matérialistes et les Positivistes réduisent l'étude de l'homme à l'étude du corps vivant, la psychologie à la physiologie.

Il importe de distinguer ces deux ordres de faits.

1° Les faits physiologiques s'accomplissent dans un lieu particulier de l'espace ; ils sont étendus et divisibles ; ils peuvent être observés par les sens et à l'aide des instruments, comme les phénomènes matériels. Tels sont : la formation des os, des muscles, des nerfs, la nutrition, la circulation du sang, la sécrétion des humeurs, le battement du pouls.

Les faits psychologiques se passent dans la durée sensible, mais n'ont aucune forme déterminée ; ils répugnent à toute idée de composition, d'étendue et de mouvement. Ils ne peuvent être ni vus, ni entendus, ni palpés ; ils ne sont perçus que par une faculté intérieure, la conscience. Tels sont les pensées, les sensations, les sentiments, les résolutions, etc.

2° La conscience se tait sur la cause des phénomènes physiologiques. L'observation sensible n'en atteint pas non plus directement la cause ; l'induction seule nous permet d'affirmer cette cause, sans manifester la nature de cette cause : il en résulte des discussions sur le principe vital.

Les faits psychologiques, au contraire, se présentent clairement à l'âme comme son œuvre : elle s'en reconnaît par la conscience la raison et la cause. Cette cause est immédiatement perçue comme un fait et non par induction.

3° Les phénomènes physiologiques n'ont pour but que le bien du corps ; ils se rapportent à l'homme physique.

Les phénomènes psychologiques ont une fin supérieure et se rapportent à l'homme moral.

L'étude des faits psychologiques est la condition nécessaire de la science de l'âme. Les faits révèlent les causes, les phénomènes révèlent la nature des êtres. La connaissance des pensées, des sentiments, des actes volontaires, manifeste les énergies ou facultés de l'âme, les propriétés et la nature du principe pensant.

Relation des faits psychologiques et physiologiques.

L'Homme, dit Bossuet, est une substance intelligente née pour vivre dans un corps et lui être intimement unie.

L'homme n'est pas un esprit pur, lié au corps par accident : il est, comme disent les scolastiques, un composé, et pour employer l'expression de Bossuet, un tout naturel.

La physiologie étudie le corps, ses organes, ses fonctions, les phénomènes de la vie organique.

La psychologie étudie l'être moral ou l'âme, ses facultés, les phénomènes de la vie morale.

Tout en professant que l'âme est distincte du corps, on ne doit pas oublier qu'elle lui est unie par des rapports très intimes. L'influence de l'un sur l'autre se fait donc perpétuellement sentir : La plupart des actes de l'âme sont unies à des mouvements du corps ; un grand nombre de faits psychologiques ont leurs conditions organiques, par exemple la sensation. De là résulte l'utilité très grande des connaissances physiologiques pour le philosophe.

Mais il faut se rappeler, sous peine de tomber dans le Matérialisme, que le corps n'est là qu'une *condition*, et qu'il y a
des différences essentielles entre les phénomènes physiolo-
logiques et psychologiques.

Il serait utile de faire précéder la connaissance des facultés
de l'âme d'une description des fonctions et des organes du corps
humain.

III. — Sources d'information de la psychologie : conscience, langue, histoire, etc.

L'observation directe et personnelle, l'observation de soi-
même ou la *conscience*, est la source première d'information
de la psychologie. Toute autre observation ne peut être in-
terprétée et comprise que par la comparaison que nous pouvons
établir entre l'observation personnelle et l'observation d'autrui.

L'observation personnelle doit néanmoins être contrôlée par
l'observation d'autrui. L'observateur, qui n'étudierait la nature
humaine qu'en lui-même, serait dans l'impossibilité de distinguer ce qui est commun à tous les hommes de ce qui lui
est propre, ce qui est essentiel à l'homme de ce qui n'est qu'ac-
cidentel.

De là l'utilité de la psychologie sociale, historique, ethnolo-
gique, de l'observation comparative des individus, des sociétés,
des races humaines.

Les observations faites sur des hommes de condition diffé-
rente ont une grande importance pour la connaissance de la
nature humaine.

L'Histoire est l'auxiliaire utile de l'observation intérieure.

L'Histoire des doctrines philosophiques, dont chacune a reproduit, trop souvent en l'exagérant, un côté de la nature humaine, est d'une utilité extrème.

L'Histoire générale nous montre en grand ce que l'observation individuelle nous fait voir dans de petites proportions.

La connaissance des langues est un des auxiliaires de
l'observation interne.

Le langage, dit Reid, est l'image de la pensée : les opérations de l'esprit communes à tous les hommes se révèlent
dans toutes les langues par des façons de parler, qui les
expriment et en sont les symboles : ces symboles peuvent, dans
beaucoup de cas, jeter une grande lumière sur les faits qu'ils
représentent.

Le langage est très utile pour connaître les phénomènes intérieurs qui ont leurs noms souvent très expressifs.

Le langage, procédé essentiellement analytique, nous permet de distinguer ce qui à l'état de pure pensée paraîtrait confus. Il faut toutefois prendre garde de ne pas attribuer avec Condillac et Bonald les progrès de la pensée à la perfection de la langue; mais il faut se rappeler que la perfection et la justesse d'une langue sont dues au progrès de la pensée, et que d'ailleurs sans la conscience, les langues, même les plus parfaites, ne sauraient jamais nous donner une idée des phénomènes intérieurs.

La *Psychologie comparée* est l'étude comparative des facultés de l'âme dans les différents états de civilisation, dans les différents états de santé et de maladie. Dans un sens plus restreint, c'est l'étude comparative de l'Homme et de l'Animal dans leurs facultés.

IV. — Méthode Psychologique.

La faculté qui nous révèle les faits psychologiques, c'est la Conscience. On peut la définir : l'âme se connaissant elle-même, l'âme sachant qu'elle pense quand elle pense, qu'elle veut quand elle veut, qu'elle sent quand elle sent.

Cette Conscience ou sens intime nous montre ce qui se passe au dedans de nous-mêmes : par elle, nous devenons les témoins de notre vie intérieure.

Si l'âme n'avait pas *conscience* des faits qui s'accomplissent en elle, toute étude psychologique serait impossible.

Mais, d'un autre côté, si les phénomènes étaient perdus pour nous à mesure qu'ils passent sous l'œil de la conscience, la science de l'âme ne pourrait pas davantage être faite.

Outre la Conscience, qui nous révèle *actuellement* les faits qui se passent en nous *actuellement*, il faut, pour se connaître soi-même, la *Mémoire*, qui conserve et rappelle les faits perçus par la Conscience.

Mais il ne suffit pas de percevoir les faits par le sens intime et de se les rappeler par la Mémoire; il ne suffit pas d'une vue distraite et pour ainsi dire accidentelle de nous-même : l'âme n'est parfaitement connue que si elle a été lentement et profondément observée. Il faut que l'âme, se repliant pour ainsi dire sur elle-même, étudie les faits de conscience que conserve la Mémoire. La Réflexion est la troisième faculté indispensable à toute étude de l'âme.

La méthode psychologique peut donc se définir : L'étude

attentive de soi-même par la réflexion appliquée aux faits perçus par la conscience et conservés par la mémoire.

L'observation interne est, pour la science de l'âme, ce que l'observation externe est pour la science des corps.

Le philosophe, comme le physicien et le chimiste, étudie les faits, les compare, les classe pour arriver aux lois générales qui les régissent et, autant que possible, jusqu'aux causes qui les produisent.

V. — Classification des faits psychologiques.

Puisque la Réflexion appliquée aux faits spirituels perçus par la conscience et conservés par la Mémoire est le moyen de nous connaître nous-mêmes, réfléchissons sur ce qui se passe en nous.

Or, si nous rentrons en nous-mêmes, qu'y découvrons-nous? Des faits de tout genre, des plaisirs, des douleurs, des idées, des résolutions, des jugements, des souvenirs, etc.

Si, dans le moment, notre âme ne nous révèle pas ces phénomènes multiples, notre Mémoire nous rappelle qu'elle les a éprouvés dans un passé plus ou moins éloigné. Ce qui nous frappe d'abord dans l'examen de ces faits intimes dont nous sommes le théâtre, c'est leur multiplicité, leur variété. Impossible manifestement de compter ces faits dont la succession compose notre vie. Mais on peut au moins les classer, et un examen attentif remarque entre eux des ressemblances et des différences qui permettent de les ranger en trois catégories.

1° Parmi les faits psychologiques, il en est qui ont pour caractère de nous affecter en bien ou en mal, de modifier notre âme d'une manière agréable ou désagréable, en un mot de nous faire jouir ou souffrir, tels sont nos plaisirs, nos douleurs, nos joies, nos tristesses, nos affections et nos haines, l'innombrable variété des sentiments qui agitent notre cœur. Or, tous ces faits et leurs semblables, nous pouvons les ranger dans une première catégorie qu'on appelle *faits sensibles*.

2° Parmi les faits de conscience, il en est qui ont pour caractère d'être des connaissances, tels sont nos idées, nos jugements, nos raisonnements, nos souvenirs, nos perceptions, toutes nos connaissances, quelque soit le nom qu'on leur donne. Rapprochons ces faits, nous en formerons un second groupe que nous appellerons faits *cognitifs ou intellectuels*.

3° La Conscience nous révèle une autre classe de phénomènes qui ont pour caractère d'être comme des mouvements de notre âme pour saisir un bien ou écarter un mal. L'âme se porte vers un objet ou s'en éloigne, elle se sent libre, responsable de ses opérations. Elle déploie cette libre énergie qu'elle possède dans les déterminations, les volitions. Ces phénomènes constituent le groupe des faits *actifs*.

Ces trois sortes de phénomènes se distinguent par des caractères qui empêchent de les confondre.

1° Les faits sensibles sont *passifs*. Je les subis plus que je ne les produis. Et si ma volonté a sur eux un certain empire, cet empire est indirect et limité.

Ils sont *subjectifs*. Ils sont de purs états du *moi*, de simples manières d'être du sujet qui les éprouve : ils s'accomplissent tout entiers dans l'âme, qui en est le sujet, sans qu'il existe en dehors rien qui leur ressemble.

2° Les faits intellectuels sont *objectifs*. La connaissance n'est pas un simple état de l'âme : toute pensée implique deux termes distincts le sujet et l'objet, ce qui connaît et ce qui est connu.

Ils sont *impersonnels*. Chacun reconnaît que ce qui est vrai doit l'être pour tous, tandis que ce qui est agréable aux uns peut ne pas l'être aux autres. — Je dis « mon plaisir » ; je ne dirai pas « ma vérité ». — Tout jugement implique une certaine conformité avec son objet, tandis que la sensation, le sentiment dépend essentiellement des dispositions intérieures du sujet qui l'éprouve. Aussi les faits sensibles ont un caractère de variabilité que n'offrent pas les faits intellectuels. Il est vrai que les opinions diffèrent souvent entre les hommes. Toutefois, il y a dans nos idées une plus grande uniformité que dans nos humeurs. Des goûts et des couleurs il ne faut pas disputer, dit-on, mais personne n'ose dire qu'il ne faut point discuter les idées et les croyances.

Enfin les faits intellectuels sont *fatals* et diffèrent ainsi des faits actifs. L'acte intellectuel pris en soi est fatal. La lumière vient-elle à frapper notre esprit ? il voit, il perçoit. Il est vrai que certaines opérations de l'intelligence, l'attention, la comparaison sont sous la dépendance de la volonté. Mais les actes propres et simples de l'esprit se produisent fatalement, par exemple, la perception et le jugement.

La vérité se manifeste souvent à nous indépendamment de notre volonté, et, quand nous sommes en sa présence, nous ne pouvons rejeter l'évidence et refuser de la voir.

3° Les faits *actifs* ont pour caractère propre la *personnalité*, c'est-à-dire qu'ils appartiennent à la personne qui les produit, même nos actes spontanés. Ils sont *de nous* et *à nous*, et quand l'intelligence les éclaire et que la volonté les choisit, nous en sommes responsables, précisément parce que nous pouvons les poser ou ne pas les poser.

———

Ces trois ordres de faits ont des caractères précis que la Conscience découvre et affirme avec certitude.

Cette classification est d'ailleurs complète; car notre conscience dans le présent et notre mémo're dans le passé ne nous fournissent pas un fait qui ne puisse y trouver place.

Ainsi, tous les faits, qui ont pour caractère de nous causer du plaisir ou de la douleur, depuis le plaisir que nous éprouvons à savourer un fruit, jusqu'au sentiment délicat qui remplit notre âme quand nous avons fait une bonne action, trouvent leur place dans la catégorie des faits sensibles.

Toutes les idées, depuis l'idée d'un grain de sable jusqu'à l'idée de l'infini, se rangent dans la catégorie des faits intellectuels.

Enfin, tous nos actes, depuis les actes instinctifs et la résolution indifférente de rester assis ou de me lever, jusqu'à la résolution sublime du soldat qui meurt pour son drapeau, du martyr qui meurt pour sa foi, trouvent leur place marquée dans la catégorie des faits actifs.

VI. — Les Facultés de l'Ame. (1)

Il y a donc trois ordres de faits qui nous sont révélés par la Conscience.

De là, trois facultés correspondantes auxquelles se rapportent, comme à leurs causes, ces trois ordres de faits.

La cause des faits sensibles se nomme Sensibilité.

La cause des faits intellectuels se nomme Intelligence.

La cause des faits actifs se nomme la Volonté ou Activité.

(1) Une faculté peut se définir : le pouvoir d'agir.
Aussi, le nom de faculté est attribué uniquement aux qualités de l'âme, parce que l'âme est active.
Les corps inanimés ont des propriétés ; l'animal a des fonctions ; l'homme seul a des facultés.
On distingue les facultés actives et les facultés passives.
Penser, raisonner, vouloir, sont des actes qui indiquent des facultés actives. Sentir, souffrir, être triste, haïr, sont des modifications de l'âme qui indiquent un état passif.
Mais il faut observer que les facultés passives ne sont pas dénuées d'activité. Sentir, être triste, souffrir, ne peut pas se rapporter à la matière et ce n'est pas la même chose qu'être rond ou carré, blanc ou noir.

Ces trois facultés sont distinctes : ce serait cependant se tromper que de les séparer et de les isoler.

Je ne puis pas sentir, sans qu'aussitôt la conscience de cette sensation vienne m'avertir de sa présence, et ordinairement ma volonté sera mise en mouvement par cette sensation.

Je ne puis penser sans une sensation précédente ou sans une sensation qui suive la pensée.

Pour vouloir, il faut que mon intelligence ait perçu l'objet, et que ma sensibilité soit sollicitée par un motif sensible ou rationnel.

L'Ame humaine est à la fois sensible, intelligente et libre, et toutes ces facultés ne sont au fond que la même âme qui reçoit plusieurs noms à cause de ses diverses opérations.

Il est donc difficile d'aborder l'étude d'une faculté sans aborder les autres.

La Sensibilité est la faculté qui en nous atteint la première la plénitude de son développement. Pendant l'enfance, nos idées sont singulièrement bornées, nos pouvoirs actifs ont peu d'énergie ; mais notre âme connaît déjà la joie, la tristesse, l'aversion, la crainte, la plupart des émotions qui l'agiteront dans la suite.

Il est donc naturel de commencer par l'étude de la Sensibilité.

CHAPITRE PREMIER.

—

DE LA SENSIBILITÉ.

—

I. — Nature de la Sensibilité.

La Sensibilité peut se définir : la faculté qu'a *le moi* d'être affecté d'une manière agréable ou désagréable, c'est-à-dire d'éprouver du plaisir ou de la douleur.

Il serait difficile de donner une définition plus complète de la sensibilité, puisque le plaisir et la douleur sont deux états simples qu'il est impossible d'analyser.

Bossuet définit le plaisir : un sentiment conforme à la nature ; et la douleur : un sentiment pénible contraire à la nature. On peut dire encore que le plaisir suppose une certaine excitation, qui active la vie sans la fatiguer, sans la troubler, et dans laquelle l'être se complaît. La douleur, au contraire, accuse un trouble plus ou moins violent, dont l'être essaie péniblement de se débarrasser.

La sensibilité suppose une âme et un corps unis intimement. C'est par la sensibilité que l'âme est, suivant l'expression de Bossuet, engagée dans la chair. La sensibilité ne peut exister que dans un être vivant, c'est-à-dire dire dans un être où une activité, une énergie persévérante, groupe, organise et travaille à maintenir dans un ordre déterminé des éléments multiples, divers et renouvelables. Le plaisir et la douleur naissent selon que les inclinations vitales sont contrariées ou satisfaites par les différents objets avec lesquels l'être vivant se trouve en communication.

Selon quelques auteurs, le plaisir est un fait négatif, c'est la cessation de la douleur.

L'observation psychologique contredit cette opinion. S'il est des plaisirs qui naissent de la satisfaction d'un besoin, et par suite de la douleur, il en est d'autres qui se produisent spontanément, sans douleur préalable, par exemple, les plaisirs de la vue : je jouis en contemplant ce beau paysage.

Il est vrai que le plaisir est mêlé de quelque douleur; mais il est impossible de le confondre avec la non-douleur, *indolentia*, comme le disent les Epicuriens.

Le plaisir est, suivant la doctrine d'Aristote, de Descartes, de Bouillier, un fait positif dû à l'énergie vitale excitée dans des conditions spéciales.

Y a-t-il un état d'indifférence, intermédiaire entre le plaisir et la douleur, où nous ne ressentions rien qui nous flatte ou nous blesse? Cet état, s'il existe, est certainement rare. Quelques philosophes l'admettent et l'affirment, notamment pour ceux qui jouissent d'une bonne santé et qui, par intervalle du moins, n'éprouvent ni jouissance, ni trouble, ni excitation, ni désir déterminé.

Nous regardons encore comme plus probable l'opinion qui n'accepte pas cet état d'indifférence, l'extinction absolue du plaisir et de la douleur. Cet état est un mélange à doses à peu près égales, mais non un équilibre complet d'impressions agréables et d'impressions désagréables. Comme on a dit: l'âme pense toujours, il faut dire: l'âme sent toujours. Nous vivons et nous nous mouvons, pour ainsi dire, au sein de la sensibilité. Elle est continue; elle est le résultat de cette activité, qui est le fond même de notre être.

II. — Caractères de la Sensibilité.

La Sensibilité se distingue des facultés supérieures par des caractères spéciaux que nous avons déjà signalés.

1° Elle est passive.
2° Elle est subjective;
3° Elle est variable. Tous les hommes ne sentent pas de la même manière, et dans un même individu la sensibilité varie avec les dispositions du corps, avec l'âge, le tempérament.

Le temps, qui change tout, change aussi nos humeurs;
Chaque âge a ses plaisirs, son esprit et ses mœurs.

4° La Sensibilité est expressive. C'est un fait d'expérience que les émotions de l'âme, surtout lorsqu'elles sont vives et soudaines, se traduisent par l'expression de la physionomie. Dans la scène des adieux d'Andromaque et d'Hector, Homère nous peint Andromaque trahissant à la fois sa douleur d'épouse et sa joie maternelle, en faisant ses adieux à Hector avec un sourire mêlé de larmes.

5° La sensibilité s'affaiblit par une action intense et prolongée, elle s'émousse par la répétition.

2

III. — Sensations et Sentiments.

On distingue la sensibilité physique et la sensibilité morale.

On appelle sensibilité physique celle dont les phénomènes sont provoqués par un changement dans l'organisme.

On appelle sensibilité morale celle dont les phénomènes sont provoqués par un changement dans la vie psychologique.

L'acte de la sensibilité physique, c'est la sensation.

L'acte de la sensibilité intellectuelle ou morale, c'est le sentiment.

De la Sensation.

La sensation est une modification de la sensibilité à la suite d'un changement produit dans la vie organique.

Il est extrêmement important de décrire soigneusement l'acte de la sensibilité physique ou la sensation.

Analyse de la sensation. Quand un objet extérieur est mis en rapport avec l'un de nos organes, voici comment les choses se passent.

Il y a impression de l'objet extérieur sur l'organe, puis transmission de cette impression le long des nerfs qui relient l'organe au cerveau, puis impression sur le cerveau lui-même. A *l'occasion* de cet ensemble d'impressions organiques, l'âme est modifiée ou affectée de telle ou telle manière, et c'est ce dernier phénomène que nous appelons sensation, phénomène tout interne, qui s'accomplit dans l'âme et qu'il ne faut pas confondre avec l'impression organique, qui le précède et qui le prépare.

Toute confusion entre ces deux éléments mènerait à l'Idéalisme ou au Matérialisme. On sera conduit à l'Idéalisme, si, ne tenant aucun compte des phénomènes organiques, on considère la sensation comme un simple fait de conscience, sans aucun rapport avec les objets extérieurs. On inclinera vers le Matérialisme, si on ne voit dans la sensation qu'un fait physiologique. Accordez, en effet, au cerveau la faculté de sentir, et vous ne serez pas en droit de lui refuser la faculté de penser et de vouloir ; car la Conscience nous affirme que le moi qui sent est le même qui pense et qui veut. Si la matière organisée peut sentir, elle peut aussi penser et vouloir. Il faut donc distinguer ici le fait de conscience et le fait physiologique. Or ces deux phénomènes, bien loin d'être identiques, ne sont pas même inséparables. Dans un moment de préoccupation profonde, les organes extérieurs peuvent être frappés et tous les phénomènes organiques peuvent se produire, sans qu'il y ait sensation.

La sensation est donc une modification de l'âme, qui a *pour condition indispensable* l'impression organique, mais qui est perçue dans l'âme et par l'âme seule.

La conscience est muette sur la partie physiologique que l'observation externe peut seule nous faire connaître.

C'est l'âme qui éprouve la sensation et non le corps. Mais, s'il n'y avait pas d'impression organique, il n'y aurait pas de sensation.

La subordination de la sensation à l'impression organique s'explique par l'union du corps et de l'âme.

Appétits. A la suite des sensations agréables ou désagréables, il naît dans l'âme un mouvement qui nous porte vers l'objet ou qui nous en éloigne. Cette inclination se nomme appétit.

Il y a des appétits naturels, comme la faim, la soif, le sommeil. Ils sont périodiques. Quand ils sont satisfaits, ils s'apaisent pour renaître plus tard, quand le besoin, qui leur a donné naissance, se fera sentir de nouveau.

L'homme peut se créer des besoins factices, par exemple, le besoin de fumer. On peut se défaire des besoins factices, mais les appétits naturels résistent à tous les efforts.

L'homme peut régler ses appétits et son devoir est de les maintenir dans de justes limites. S'il oublie ce devoir, les appétits peuvent se développer au-delà de leur tendance naturelle.

L'homme peut ainsi devenir un animal désordonné.

Du Sentiment.

Le Sentiment est une modification de la Sensibilité par suite d'un changement dans la vie psychologique.

C'est une émotion que l'âme éprouve à la suite d'une vue de l'Intelligence ou d'une détermination de la Volonté. C'est, par exemple, la joie de l'esprit découvrant un problème (sentiment intellectuel), ou les jouissances de la Conscience en face d'un devoir accompli (sentiment moral).

Bossuet a eu raison de distinguer soigneusement le plaisir de la joie, la douleur de la tristesse. La joie et la tristesse sont les émotions de l'âme qui accompagnent le Sentiment, tandis que le plaisir et la douleur sont des modifications qui correspondent aux sensations.

La Sensation et le Sentiment peuvent être opposés. Une sensation pénible est quelquefois accompagnée d'un sentiment délicieux. Les Martyrs étaient inondés de joie au milieu des tourments.

Nous avons en quelque sorte deux sensibilités : l'une tournée vers les choses extérieures et le monde matériel, l'autre, tout intérieure, dont la fonction est de recevoir l'impression et comme le contrecoup de ce qui se passe dans le monde intellectuel et moral.

Avons-nous découvert quelque vérité, il y a quelque chose en nous qui éprouve de la joie. Avons-nous fait une bonne action, nous en recueillons la récompense dans un sentiment de contentement moins vif, mais plus délicat et plus durable que toutes les sensations agréables qui viennent du corps.

Sentiments intellectuels.

Le Sentiment intellectuel est l'émotion produite en nous par la connaissance du vrai et du beau.

Notre intelligence est faite pour la vérité, et elle trouve un repos dans la possession du vrai.

Omnis homo scire desiderat, dit l'Imitation.

De là certaines inclinations.

1° La curiosité et le désir de connaître.

2° L'instinct de véracité et de crédulité.

L'ignorance, l'erreur et le mensonge font sur notre âme une impression pénible.

Ces deux sentiments de véracité et de crédulité sont en nous si profonds que nous avons besoin de l'expérience pour savoir que nous pouvons être dupes, et ce n'est qu'en cédant à des passions déréglées que nous apprenons à tromper les autres.

On peut appeler aussi sentiment intellectuel :

Le *goût du beau*, qui n'émeut pas moins l'âme que la connaissance du vrai, et qui la porte à en rechercher la possession et à le réaliser dans ses œuvres.

Sentiments moraux.

Le sentiment moral est provoqué par la vue du bien ou du mal moral.

Le sentiment du bien se traduit par l'amour, l'admiration, l'enthousiasme que nous éprouvons en présence du bien accompli. Quand nous sommes les auteurs de cet acte, ce sentiment devient la *satisfaction d'une bonne conscience*. Si nous violons le devoir, au contraire, nous éprouvons cette émotion poignante qu'on appelle le *remords*.

Sentiment Religieux. Nos inclinations au vrai, au beau et au bien ne reçoivent jamais ici-bas, des objets finis, une satisfaction complète. Sans cesse altéré, l'homme s'abreuve à toutes les sources. Un moment, il se croit rafraîchi, et tout aussitôt renaît plus vive et plus forte la soif qui le dévore.

Notre âme a besoin de l'infini, de Dieu. Il y a au fond de notre âme, dans la plus humble, la plus obscure, comme dans la plus élevée, le *sentiment de l'infini*. C'est une foi instinctive et invincible qu'au delà de ce que nous connaissons ou pouvons imaginer, il y a une vérité totale, une beauté souveraine, un bien infini, Dieu en un mot. Ce sentiment de l'infini est l'âme même de toutes les Religions et il demeure intact à côté des croyances les plus imparfaites.

IV. — Inclinations et Passions.

Pour apprécier toutes les richesses de la Sensibilité, il est nécessaire d'avoir une notion exacte des mots qui expriment les faits sensibles.

On appelle *émotion* un état passager de l'âme doucement ou violemment agitée. Tout plaisir et toute douleur produit une émotion plus ou moins vive.

On appelle *Inclinations* les mouvements par lesquels, soit instinctivement, soit consciemment, nous sommes portés vers un objet, ou au contraire détournés d'un objet capable de nous causer plaisir ou douleur.

L'émotion est un état passager, l'inclination, une disposition permanente.

Les inclinations prennent le nom *d'appétits*, lorsqu'elles ont la vie et le bien-être du corps pour objet.

On les appelle *penchants*, lorsqu'elles tendent au développement de la vie intellectuelle et morale.

On appelle *affections* les inclinations ou penchants qui nous portent vers nos semblables. Ce sont des sentiments d'amitié, d'attachement persistant pour les personnes et même pour les choses.

On appelle *instincts* toutes les inclinations innées, appétits ou penchants, par opposition aux inclinations acquises par la volonté ou l'habitude.

Le mot *Passion* est souvent entendu d'une inclination ou affection excessive et concentrée sur un objet exclusif.

Bossuet définit les Passions : les mouvements de l'âme, qui

touchée du plaisir et de la douleur ressentis ou imaginés dans un objet, le poursuit ou s'en éloigne.

C'est le sens que nous avons donné au mot Inclination.

Il y a cependant une différence entre ces deux mots. Les inclinations sont des dispositions permanentes, naturelles ou acquises, par lesquelles nous sommes portés vers un objet ou détournés d'un objet.

Les Passions sont les *émotions* par lesquelles passe notre âme dans la poursuite ou la fuite des objets capables de satisfaire ou de contrarier nos inclinations.

Classifications des Inclinations.

On peut diviser les inclinations en 3 classes : les Inclinations personnelles, sociales, supérieures.

[Inclination personnelles.

Les inclinations personnelles, qui ont pour objet le bien du corps, s'appellent appétits.

On distingue parmi les appétits l'amour de la vie ou l'instinct de la conservation. A cet amour de la vie se rapportent la crainte de la mort, l'amour de la santé, l'amour du bien-être, etc.

Les inclinations qui ont rapport à l'âme sont l'amour de soi, le désir du bonheur, le désir de l'excellence, le désir de l'estime, le désir du pouvoir, l'émulation ou le désir de la supériorité, le désir des richesses, etc.

Il y a un amour de soi légitime et nécessaire, c'est l'amour de son perfectionnement moral, le désir de cultiver ses facultés pour accomplir des œuvres bonnes et utiles. Cet amour de soi bien compris produit le sentiment de la dignité personnelle, du respect de soi-même ; il excite une sage émulation, et nous fait travailler au bien public, tout en cherchant notre bien particulier.

L'amour de soi fondé exclusivement sur l'intérêt et sur les avantages personnels, abstraction faite de la moralité, est le vice appelé *égoïsme*.

Inclinations sociales.

Les inclications sociales ont nos semblables pour objet et dérivent de l'instinct de sociabilité commun à tous les hommes.

L'homme est né pour vivre en société, quoiqu'en ait dit Rousseau. L'instinct de sociabilité se manifeste par la sympathie de l'homme pour l'homme. Chacun s'aime dans son semblable.

Homo sum : humani nihil a me alienum puto.

Les inclinations sociales se rapportent à la famille, à la société des amis, à des sociétés particulières, à la patrie, à l'humanité.

Les sentiments correspondants sont : l'amour maternel et paternel, l'amour conjugal, l'amour fraternel, l'amour filial, l'amitié, l'esprit de corps, le patriotisme et la philanthropie.

Disons quelques mots de l'Amitié et du Patriotisme :

Le Patriotisme est un sentiment complexe où viennent s'unir l'amour du sol et l'amour de ceux qui l'habitent :

La Patrie, le mot l'indique, c'est d'abord la famille avec les traditions du foyer domestique, les souvenirs intimes de la naissance, de la vie et de la mort des Ancêtres.

« C'est la cendre des morts qui créa la Patrie. » (Lamart.)

La Patrie, c'est l'ensemble des familles qui vivent de la même vie, par la communauté des traditions historiques, du langage, des lois, des principes de liberté, d'ordre, de religion, sous une autorité indépendante, respectée et aimée.

Ce qui fait la Patrie, c'est un esprit commun, une âme commune.

Si quelques-uns de ces principes font défaut, la Patrie perd de sa grandeur et de sa force, le Patriotisme s'affaiblit.

Les Anciens résumaient l'amour de la Patrie dans l'amour de la famille et de la religion : *pro aris et focis.* Ils avaient raison : la vraie liberté des foyers et des temples est le bien le plus précieux pour lequel il faut savoir mourir.

Esprit de corps. Il a de l'analogie avec l'amour de la famille et de la patrie. La Corporation est une famille morale, une patrie restreinte. La solidarité fait que chaque membre participe aux biens, aux succès, à la gloire de la Corporation, comme à ses maux et à ses revers.

Chacun des membres a naturellement l'esprit de l'ordre dont il fait partie, de la fonction à laquelle il appartient, l'esprit de la magistrature, l'esprit de l'université, l'esprit militaire.

L'Amitié est une affection élective entre deux ou un petit nombre de personnes, qui s'aiment d'une manière réciproque et se communiquent mutuellement leurs pensées, leurs sentiments.

L'Amitié est nécessaire à l'homme. Quoiqu'elle puisse être fondée sur le plaisir ou l'intérêt, elle ne mérite son beau nom et elle n'est durable que lorsqu'elle est fondée sur la vertu. La base de l'Amitié est la bienveillance mutuelle.

L'Amitié naît entre les personnes que rapprochent la communauté des goûts, la ressemblance des caractères, l'égalité des âges : l'Amitié, comme on l'a dit, « *invenit aut facit pares.* »

Les Anciens (Platon, Aristote, Cicéron) ont attaché une grande importance à l'Amitié. Elle est une des plus grandes forces dans la vie. Rien n'entraîne au bien et ne porte à la pratique des vertus comme l'exemple et le conseil d'un ami.

La *Philanthropie* est l'amour de l'humanité, que Cicéron appelle *Caritas generis humani.* La raison de cet amour est l'identité de nature et l'égalité en face de Dieu et de la loi morale.

Il y a des degrés dans l'inclination philanthropique. C'est d'abord la sympathie et la bienveillance à l'égard des autres, puis la compassion et la pitié par rapport aux malheureux.

Il ne faut pas confondre la sympathie désintéressée et généreuse avec la sympathie naturelle, qui nous porte vers les personnes qui nous plaisent.

Inclinations supérieures.

Elles se rapportent au vrai, au beau, au bien, à Dieu. On les appelle les sentiments intellectuels, esthétiques, moraux et religieux. Nous en avons parlé suffisamment.

Question.

Que faut-il penser de la doctrine de la Rochefoucauld niant les inclinations désintéressées et affirmant que toutes nos affections sont des formes de l'amour de soi ?

« La générosité est une ambition déguisée. La libéralité est la vanité de donner. L'amitié est un commerce où l'amour-propre se propose toujours quelque chose à gagner, dit le grand moraliste. »

C'est calomnier la nature humaine, et il reste évident qu'il y a dans l'homme de véritables affections distinctes de l'intérêt. Assurément, l'amour de soi, l'égoïsme altère trop souvent la pureté de nos sentiments.

Il est surprenant qu'un esprit distingué énonce des propositions qui sont la négation de l'honnêteté et de la vertu parmi les hommes. Cette doctrine rendrait toutes les actions humaines blâmables, même le dévoûment de Régulus et la charité de St-Vincent-de-Paul.

Il est vrai qu'un plaisir très délicat accompagne l'exercice des nobles inclinations ; mais ce plaisir si doux et si pur est loin d'en être la cause et la fin, ce qui serait nécessaire pour les rendre égoistes.

Le sophisme de la Rochefoucauld attribue à tous les hommes les vices d'un grand nombre.

« C'est comme si on écrivait au bas de la statue de Thersite et de Néron : voilà l'homme. »

Les Passions.

Bossuet définit les Passions : tout mouvement de l'âme, qui, touchée du plaisir et de la douleur ressentis ou imaginés dans un objet, le poursuit ou s'en éloigne.

Bossuet ramène nos passions à 11 principales, qu'il rapporte à l'appétit concupiscible et à l'appétit irascible, selon que le désir ou la colère y domine.

Les premières ne supposent dans leur objet que la présence ou l'absence. Ce sont :

> L'Amour et la Haine ;
> Le Désir et l'Aversion ;
> La Joie et la Tristesse.

Les 5 dernières supposent dans leur objet, outre la présence ou l'absence, une difficulté à vaincre. Ce sont :

> L'Audace et la Crainte,
> L'Espérance et le Désespoir,
> La Colère.

Toutes les passions se rapportent à l'amour qui les renferme ou les excite toutes.

« Otez l'amour, il n'y a plus de passions ; posez l'amour vous les faites naître toutes. »

La haine elle-même, a dit Fichte, n'est qu'un amour trahi.

L'Amour est la passion de s'unir à quelque chose.

La Haine est la passion d'éloigner de nous quelque chose.

Le Désir est la passion qui nous pousse à rechercher ce que nous aimons, quand il est absent.

L'Aversion est la Passion d'empêcher que ce que nous haïssons nous approche.

La joie est la passion par laquelle l'âme jouit du bien présent et s'y repose.

La tristesse est la passion par laquelle l'âme tourmentée du mal présent s'en éloigne autant qu'elle peut et s'en afflige.

L'Audace est la passion par laquelle l'âme s'efforce de s'unir à l'objet aimé dont l'acquisition est difficile.

La Crainte est la passion par laquelle l'âme s'éloigne d'un mal difficile à éviter.

L'Espérance est une passion qui naît en l'âme quand l'acquisition de l'objet aimé est possible, quoique difficile.

Le Désespoir est une passion qui naît en l'âme quand l'acquisition de l'objet aimé paraît impossible.

Le Colère est une passion par laquelle nous nous efforçons de repousser avec violence celui qui nous fait du mal et de nous en venger.

Valeur morale des Passions.

On demande si les Passions sont bonnes ou mauvaises. Les Epicuriens répondent : les Passions sont bonnes, il faut les satisfaire. Ils se bornent à recommander la prudence et la modération, afin de jouir mieux et plus longtemps. Les Stoïciens disaient que les Passions sont les maladies de l'âme, et sont mauvaises, parce qu'elles tendent à détruire l'équilibre de la Raison et de la liberté. Le Devoir est donc de les extirper. Tout mouvement de la sensibilité est un défaut. L'homme sage doit être insensible, impassible en face des calamités et de la mort. « *Justum et tenacem propositi virum... si fractus illabatur orbis, impavidum ferient ruinæ.* » Il faut donc étouffer les passions, anéantir la sensibilité.

Cette théorie est évidemment impossible, et elle méconnaît le plan providentiel des inclinations de l'âme.

Il faut dire que les Passions étant un mouvement qui réside dans la sensibilité et qui, à l'origine, ne vient pas de la liberté, les passions deviennent bonnes ou mauvaises, selon qu'elles sont bien ou mal dirigées par la Raison et la liberté.

Il ne faut donc pas dire avec Epicure : Suivez vos passions, toutes leurs tendances sont légitimes ; ni avec Zénon : étouffez vos passions, car toutes sont mauvaises.

La vérité pour l'observateur de la nature humaine est que notre faculté sensible doit obéir à la volonté éclairée par l'intelligence. Il dépend d'une volonté énergique de discipliner ces forces précieuses mais redoutables de notre nature et de les lancer à la conquête du bien.

Mais si on lâche la bride à ses passions, elles deviennent

de plus en plus vives, et c'en est fait de la liberté et de la dignité humaine.

Dans cette lutte contre les passions, il s'y faut prendre de bonne heure et ne pas laisser envahir son âme par des passions trop fortes que le temps rendrait presque invincibles.

Même alors, une volonté énergique peut les discipliner et les vaincre.

Dans ce cas, il en est, dit Bossuet, à peu près comme d'une rivière que l'on peut plus facilement détourner que l'arrêter de droit fil. Il faut donc faire souvent une espèce de diversion et se jeter, pour ainsi dire à côté, plutôt que de combattre de front.

Il n'est plus temps d'opposer des raisons à une passion émue. Il faut nourrir son esprit de considérations sensées, lui donner de bonne heure des attachements honnêtes, afin que les objets des passions trouvent la place déjà prise.

V. — Rôle de la Sensibilité.

Cette analyse de la Sensibilité suffit pour nous faire voir quel rôle elle doit jouer dans la destinée de l'homme.

1° La sensibilité physique est la condition indispensable de la connaissance des choses sensibles, puisque la sensation précède la perception.

2° Les sensations et les appétits invitent l'homme à pourvoir aux besoins de son corps par l'attrait du plaisir et la crainte de la douleur. Aussi, c'est dans l'organe même que l'âme sent le plaisir et la douleur. Elle sait ainsi par l'instinct où elle doit porter le secours et appliquer le remède. La Sensibilité est donc comme une sentinelle placée entre l'âme et le monde physique. Elle annonce ce qui se passe au dehors, elle devance souvent la réflexion qui serait trop tardive, lorsqu'il s'agit d'exécuter les actes nécessaires à notre conservation.

3° La Sensibilité morale, les inclinations sociales et personnelles, les inclinations supérieures, tout cela nous a été donné pour conserver et développer notre être intellectuel et moral, resserrer les liens de la société, nous élever vers Dieu, notre principe et notre fin.

4° La Sensibilité joue un rôle très important dans notre vie active. Elle fournit à la volonté des mobiles puissants d'action. Elle donne naissance aux passions et aux inclinations, qui sont pour l'homme une occasion de luttes et de victoire, et d'un autre coté sont le ressort de la vie humaine.

CHAPITRE II.

—

DE L'INTELLIGENCE.

L'Intelligence est la faculté de connaître.

Nous rapportons à cette faculté tous les faits intellectuels dont nons avons indiqué sommairement les caractères.

Elle se distingue de la sensibilité et de la volonté.

1° Comparée à la sensibilité, elle ne se limite pas aux apparences extérieures de la matière, mais elle plonge son regard jusqu'à la nature de l'objet matériel (*intus legere*).

La sensibilité est surtout passive et réagit plutôt qu'elle n'agit. L'intelligence a une activité d'initiative : elle ne subit pas la vérité, mais elle la cherche, la développe, l'exprime et la poursuit sans cesse. Enfin elle se distingue de la sensibilité, parce qu'elle est, dans ses opérations propres, indépendante des organes corporels,

2° Comparée à la volonté, elle est fatale, et ne se peut déterminer à son gré, mais elle est dans une dépendance absolue des lois rigoureuses de la Logique. L'évidence connue par intuition ou par raisonnement est impérieuse. Le bien, au contraire, quelque séduisant qu'il puisse paraître, n'entraîne pas nécessairement la volonté, qui peut résister à la sollicitation des sens et à l'autorité des motifs de la raison.

Division des facultés intellectuelles.

Quoique l'Intelligence soit simple, une dans son essence, on distingue en elle divers pouvoirs par lesquels elle acquiert, conserve, combine et élabore les différents éléments de nos connaissances.

Toutes les facultés intellectuelles expriment deux fonctions principales de l'Intelligence : 1° Acquérir des idées ou des connaissances ; 2° développer et féconder les idées acquises.

Les facultés d'acquisition sont au nombre de trois.

L'intelligence entre en rapport avec trois mondes où elle puise trois sortes d'idées différentes :

A, le monde extérieur, ou cosmologique,

B, le monde intérieur, ou psychologique,

C, le monde idéal ou des principes, qui domine les phénomènes mobiles de la conscience et de la nature. De là trois facultés de percevoir :

Perception externe

Perception interne

Perception immatérielle (Raison).

A ces facultés d'acquisition peuvent se rattacher :

L'*Attention*, qui applique notre esprit à certains objets, qui sans elle passeraient inaperçus ;

La *Réflexion*, qui est l'Attention appliquée aux phénomènes intérieurs ;

La *Comparaison*, qui nous donne nos idées de rapport.

Les facultés de conservation et de combinaison sont :

La *Mémoire*, l'*Association des idées*, l'*Imagination*.

Enfin l'*Abstraction*, la *Généralisation*, le *Jugement* et le *Raisonnement* font subir à nos idées des élaborations successives, conditions de la science.

Des Perceptions.

Percevoir, pour l'esprit, est la même chose que voir, apercevoir. Une perception est donc une vue de l'esprit.

Les perceptions se distinguent par la diversité des objets perçus.

Or tout ce qui est perçu par notre esprit est contingent ou nécessaire.

La perception du contingent s'appelle perception expérimentale. La perception du nécessaire s'appelle *perception rationnelle*.

La perception expérimentale se subdivise. Elle est interne ou externe, suivant que son objet est un phénomène de l'âme ou quelque chose d'extérieur à l'âme. La première s'appelle conscience ou perception interne; la seconde, perception externe ou perception des sens. De là trois facultés perceptives : la perception des sens, la Conscience, la Raison.

Art. 1ᵉʳ. — De la perception externe.

La perception externe est la faculté qu'a notre âme de connaître, par les organes des sens, les objets extérieurs.

Comment s'opère cette perception des objets extérieurs?

Les cinq sens, le tact, la vue, l'ouïe, le goût, l'odorat en sont les instruments.

Un objet extérieur vient-il à être mis en contact avec un de nos organes, il y a une impression physique qui se transmet jusqu'au cerveau, et du cerveau à l'âme, où elle détermine le phénomène spirituel de la sensation.

Avertie par la modification qu'elle éprouve et dont elle n'est pas l'auteur, l'âme appliquant le principe de consalité, que lui fournit la Raison, va chercher au dehors la cause qui l'a modifiée, et elle arrive ainsi à affirmer l'existence des corps et de leurs propriétés. Il faut observer que si l'âme, quoique ébranlée par la sensation, n'avait pas la force de se discerner elle-même de la cause étrangère qui est venue la modifier, la sensation ne serait qu'un phénomène obscur et vain qui ne nous apprendrait rien de l'existence des corps. L'impression organique, la sensation, la conscience même de cette sensation ne suffisent pas pour acquérir la notion de l'extériorité. Il faut y joindre l'activité volontaire de l'âme et l'idée de cause, qui seules peuvent féconder les données obscures et grossières de la sensibilité et nous fournir la science du monde extérieur.

L'âme réagit sur la modification qu'elle vient de subir, et, à l'aide de la notion de cause, que lui donne la Raison, elle affirme l'existence d'une réalité distincte d'elle-même.

Il est clair que notre âme ne peut atteindre par les sens la nature intime des corps : Les sens ne peuvent atteindre que les qualités extérieures.

Toutes les données des sens sont pour notre conscience des signes dont l'interprétation est livrée à notre intelligence.

La perception des corps est l'interprétation des signes ou sensations qui se produisent dans l'âme quand les objets extérieurs agissent sur les organes des sens. Ces sensations deviennent, pour notre intelligence, le point de départ d'une induction rationnelle qui nous conduit à la connaissance des corps, dit M. Robert. Mais nous pouvons dire avec Helmholtz que cette induction n'est pas une induction raisonnée comme celle des savants, mais une induction naturelle, inconsciente, concordante et véridique.

Quel est le rôle que joue chacun de nos sens dans la perception du monde extérieur ?

Le toucher nous fait connaître non-seulement l'existence d'un objet, mais plusieurs de ses propriétés, comme sa dureté ou sa mollesse, son poli ou ses aspérités, sa température, son mouvement, sa figure ou sa forme, ses dimensions.

Le tact, en général, ignore les apparences. C'est le sens des réalités, le sens vérificateur par excellence. Le tact est le sens certain, presque infaillible.

Il fait l'éducation des autres sens.

Mais, pour suppléer à son insuffisance, la nature nous a donné les autres sens, notamment la vue et l'ouïe.

La Vue. — La vue nous fait connaître l'étendue colorée, elle nous fait connaître la surface des corps en longueur et en largeur. Mais elle ne nous fait connaître par elle-même ni la profondeur, ni la distance et la grandeur des objets.

En présence d'une sphère placée à distance, les yeux n'aperçoivent qu'un disque circulaire graduellement décoloré vers les bords. Ce n'est qu'après avoir rapproché les perceptions du toucher et de la vue que nous pouvons juger que cette dégradation de couleur vers les bords est due à la convexité sphérique.

C'est par un procédé semblable que l'on peut au moyen de la vue apprécier la distance et le mouvement des corps. A chaque degré d'éloignement d'un objet correspond une forme visible plus petite ou plus grande et diversement éclairée, selon que l'objet est plus ou moins éloigné.

Ayant associé par l'expérience et l'habitude à chacune de ces distances, estimées d'abord en marchant, la grandeur apparente qui lui correspond, je juge, si cette grandeur est petite ou considérable, que l'objet est éloigné ou rapproché. Si la grandeur augmente progressivement, je juge que l'objet s'approche, et si elle diminue, qu'il s'éloigne.

Mais primitivement nous ne connaissons pas par la vue la distance et le mouvement des corps.

Le chirurgien Cheselden, après avoir opéré de la cataracte des aveugles-nés, reconnut que les nouveaux clairvoyants n'avaient aucune notion de la distance vraie des corps environnants, et que tous les objets n'étaient pour leurs yeux inexpérimentés qu'une juxtaposition de surfaces diversement colorées, toutes étendues sur un seul et même plan tangent à l'orbite de l'œil.

Rôle de l'Ouïe. — Nous distinguons les sons entre eux par les différences d'intensité, de tonalité, de timbre et d'articulation. Telles sont les perceptions naturelles. Elles deviennent peu à peu, par une induction pareille à celle que nous avons déjà indiquée pour la vue, une sorte de langage, qui, au défaut du tact et de la vue, nous instruit de la nature, de la position et de la distance des corps.

L'Odorat atteint les odeurs, en apprécie l'intensité, la qualité et la durée. Des particules matérielles sont transportées par l'air jusqu'aux narines, où s'opère une combinaison chimique. Les chimistes se servent des odeurs pour distinguer les différentes espèces de corps.

Le *Goût* atteint les saveurs qui résultent du contact immédiat des aliments dissous par la salive avec la muqueuse buccale.

Perceptions naturelles et perceptions acquises.

Les perceptions naturelles sont celles qui appartiennent directement à un sens. Les perceptions acquises sont celles où il peut atteindre avec le secours des autres sens.

L'éducation des sens se fait d'abord d'une manière spontanée. Perfectionnée par un travail réfléchi, elle peut atteindre à des résultats merveilleux.

Hiérarchie des sens.

Au point de vue de l'utilité organique, le goût paraît être le plus utile des sens : aidé de l'odorat, il nous fait distinguer les substances que nous pouvons sans danger nous assimiler.

Au point de vue intellectuel, le tact et la vue tiennent le premier rang. Les sens esthétiques sont la vue et l'ouïe.

De la distinction des qualités primaires et secondaires.

Certains philosophes distinguent les qualités primaires et les qualités secondaires des corps. Ils ramènent les qualités primaires à l'étendue et à la solidité, qu'ils regardent comme constituant l'essence de la matière.

Toutes les autres qualités des corps sont appelées qualités secondaires.

Plusieurs autres philosophes n'acceptent pas cette distinction. Ils font consister l'essence de la matière non pas dans l'étendue et dans la solidité, mais dans des éléments simples, inétendus, qu'ils appellent monades.

La raison qu'ils en donnent, c'est qu'un composé tel que la matière ne saurait être, s'il n'y a quelque chose de simple qui le compose.

Objectivité de la perception externe.

Les objets perçus ne sont ni les corps, ni la matière, mais les phénomènes corporels et les qualités de la matière. Néanmoins, -parce que notre esprit ne peut percevoir un phénomène ni une qualité, sans s'élever immédiatement à la conception d'une substance et d'un sujet en qui résident ce mode ou cette qualité, on peut dire que la perception des sens nous fait connaître l'exis-tence des corps et des substances matérielles.

Lorsque l'âme est en présence de l'objet de sa connaissance, soit par le tact, soit par la vue, soit par l'ouïe, ne tend-elle pas aussitôt vers l'objet, ne se dirige-t-elle pas vers le dehors ? On ne saurait le nier. L'âme devient attentive, et cette attention suppose l'objet.

Il est ici d'une extrême importance de distinguer la sensa-tion de la perception. La sensation est un phénomène purement subjectif ; la perception est objective et subjective.

C'est, comme l'a dit Aristote, l'acte commun de l'objet sen-sible et du sujet sentant. L'objet perçu n'est pas la même chose que l'acte de l'esprit qui perçoit.

On désigne souvent par le même terme la sensation et l'objet externe qui en est la cause. Exemple les mots chaleur, odeur, couleur, etc. Cette ambiguïté de mots donne naissance à cette question : La couleur, l'odeur, etc., existent-elles dans l'objet extérieur ou dans l'âme ?

Pour répondre à cette question, il faut dissiper l'équivoque. L'odeur, en tant que sensation, n'existe que dans l'âme ; mais la cause qui excite cette sensation et qui est désignée par le même mot n'existe que dans l'objet.

Nature des Qualités sensibles.

Dans la question de la perception externe, la philosophie doit tenir compte des progrès de la physique.

Newton a démontré que les différentes couleurs des objets sont des modifications de la lumière.

3

Un corps translucide doit sa couleur spéciale à ce qu'il laisse passer certains rayons lumineux en éteignant les autres. Un corps opaque paraît rouge ou vert, suivant qu'il réfléchit les rayons rouges ou verts.

La *lumière* est, pour la physique moderne, une vibration ou une ondulation de l'éther, et cet éther, dont les ondulations causent la lumière, n'est pas lumineux, puisque deux lumières égales venant à se rencontrer produisent de l'obscurité.

La lumière est un mouvement ni plus ni moins, et chaque couleur est produite par des ondes de telle dimension et de telle durée.

Pour ce qui concerne le sens de l'ouïe, le son est un mouvement ondulatoire de l'air. Tous les caractères du son se ramènent aux variations d'un fait mécanique, l'ondulation aérienne.

La chaleur est un mouvement des molécules des corps.

On doit donc dire que toutes nos sensations correspondent à des phénomènes de mouvement.

Ces théories scientifiques, qui ne sont pas toutes incontestables, ne prouvent rien contre l'objectivité de la perception extérieure. Elles prouvent seulement que la perception externe ne nous montre pas le monde extérieur absolument, mais relativement. Avant les découvertes modernes, les philosophes savaient que notre connaissance du monde extérieur est imparfaite. Acceptant ces données de la science, nous reconnaissons que nos sensations ou perceptions ne ressemblent pas à la réalité ; mais après les découvertes scientifiques, comme avant, nos sensations sont les signes de la réalité.

Les sciences ne contestent pas la réalité des choses extérieures. Elles nous montrent seulement sous les apparences le réel. Elles ne disent pas : la lumière n'existe pas ; mais elles disent : la lumière, c'est du mouvement. Elles ne disent pas : la chaleur n'existe pas ; mais elles disent : la chaleur, c'est du mouvement.

Nos sensations ne sont pas, il est vrai, représentatives de la réalité, puisqu'elles ne ressemblent pas à la réalité, mais elles sont les signes de la réalité, les signes de propriétés fixes qu'il appartient au Savant de déterminer.

Conditions requises pour la véracité des sens.

1° Il faut que les organes soient sains : les organes malades sont très souvent trompeurs. Jaunisse, daltonisme, fièvre, amputation, folie.

2° Il faut que chaque sens soit appliqué à son objet propre.

3° Il faut tenir compte du milieu interposé : verre de couleur, bâton brisé.

4° Il ne faut pas appliquer au hasard et sans des expériences suffisantes les perceptions acquises.

Il est vrai de dire que l'erreur n'est pas dans le sens, mais dans le jugement. C'est à l'intelligence seule qu'il appartient d'affirmer, mais après réflexion et en faisant un usage légitime des données des sens.

Art. II.— De la Perception interne ou de la Conscience.

On appelle souvent Conscience la faculté de discerner le bien du mal : c'est la Conscience morale.

Ici, nous parlons de la Conscience psychologique qui peut se définir : le pouvoir que l'âme possède de connaître ce qui se passe *présentement* en elle-même, ses pensées, ses modifications, ses actes.

Nous disons *présentement* ; car dès qu'un phénomène a cessé d'être présent dans notre âme, il n'est plus proprement l'objet de la Conscience, mais de la Mémoire.

Nous possédons cette faculté de connaître ce qui se passe au dedans de notre âme. L'âme se connaît comme *force* sensible, intelligente et libre. Non-seulement elle sent, connaît et veut, mais elle sait qu'elle connaît, sent et veut.

Si l'âme ignorait ses états et ses opérations, elle ne se posséderait pas, elle n'aurait pas d'action sur elle-même, ce qui lui arrive à certains degrés dans le sommeil, dans le délire et dans les transports de la passion.

L'exercice de la Conscience accompagne celui de toutes nos autres facultés, car si quelqu'une s'exerçait sans que nous en eussions conscience, nous n'aurions par là même aucune connaissance de cette opération de notre âme et elle serait pour nous comme si elle n'était pas. Nous pouvons donc dire avec Hamilton que la Conscience est coextensive avec toutes nos facultés.

Objet de la Conscience.

1° La Conscience perçoit la totalité des phénomènes de la vie sensible, intellectuelle et morale. Aucun fait psychologique n'échappe *de sa nature* à l'œil de la conscience. Je dis de sa nature car de fait, un grand nombre d'actes ou de modifications intérieures passent inaperçus, soit que nous n'y prêtions pas attention ou que nous soyons préoccupés d'autre chose, soit que l'impression sur l'âme ait été nulle ou insuffisante.

2° La conscience ne perçoit pas seulement les phénomènes du moi, elle perçoit le *moi* lui-même. L'observation et l'expérience ne permettent pas d'en douter. En effet, la Conscience, en percevant une grande variété de phénomènes, perçoit, avec chacun d'eux, un sujet qui se montre toujours le même. Or cette perception est simultanée. L'âme ne voit pas par la Conscience premièrement une sensation ou une pensée, ensuite elle-même comme sujet de ces faits internes ; elle perçoit simultanément ces deux choses inséparables et dit : Je souffre, je pense.

On ne peut donc assimiler la connaissance du *moi* à celle des choses externes. « Il faut rayer de la psychologie, dit Maine de Biran, cette proposition : l'âme ne se connaît que par ses actes et par ses modifications. » Il suit de là que l'observation intérieure n'est pas complètement analogue à l'observation extérieure, comme le prétendent les philosophes de l'Ecole Ecossaise tels que Reid et Dugald-Stewart.

Avec la tradition spiritualiste, nous affirmons que la Conscience atteint directement le moi. Sans cela le *moi* serait à lui-même une chose externe. A cette conception fausse du moi il n'y aurait qu'à opposer cette réflexion comique de Sosie dans Molière : « Pourtant quand je me tâte et que je m'examine, il me semble que je suis *moi*. »

Quand nous disons intérieurement et avec conscience : je pense, je souffre, deux choses sont immédiatement connues et saisies par un seul et même regard : le fait de la souffrance, de la pensée, et le sujet substantiel qui souffre et pense. Il est impossible de dire souffre, sans dire je, il est impossible de dire pense, sans dire je, et d'affirmer le fait ou le mode sans affirmer la substance qui le porte.

Dans tout phénomène de conscience, le sujet connaissant, c'est le moi ; l'objet connu, c'est le moi encore ; car ma sensation, ma pensée, c'est moi sentant, moi pensant. Le trait caractéristique de la conscience, c'est donc l'identité du sujet et de l'objet.

Il en résulte que la conscience des faits psychologiques, des pensées, de l'existence de l'être pensant, du moi a une certitude exceptionnelle et en quelque sorte plus invincible que tout autre connaissance, ce qui faisait dire à Descartes que si, par impossible, l'esprit venait à révoquer en doute les autres vérités, il y aurait une exception, celle de la pensée et de l'existence attestée par la Conscience : *Cogito, ergò sum.*

Degrés de la Conscience.

Les degrés de la Conscience sont la perfection plus ou moins grande des actes de conscience. Il y a une conscience obscure, confuse et une conscience claire et distincte.

Il y a des perceptions claires et des perceptions obscures. Celles-ci peuvent devenir de plus en plus obscures, au point que le phénomène psychologique s'accomplit presque à l'insu de l'âme.

Le principe des petites perceptions à peine conscientes se rattache au principe des mouvements infiniment petits et au principe de continuité. Toute action grande et puissante se compose, dit Leibnitz, d'un nombre infini de petites actions accumulées. — Jamais, dit-il-encore, un mouvement ne naît immédiatement du repos, ni ne s'y réduit que par un mouvement plus petit. De même les perceptions, que l'on remarque, viennent par degrés de celles qui sont trop petites pour être remarquées.

On ne peut contester, dit Janet, ni l'existence, ni l'importance des phénomènes de faible conscience dans l'âme humaine. C'est comme le côté nocturne de l'âme, suivant l'expression de Leibnitz.

Données de la Conscience.

Tout ce que nous savons de nous-même, en un sens, nous le devons à la conscience. Nous lui devons spécialement les idées de substance, de cause, d'unité, d'identité.

1° L'idée de substance. La conscience me montre en moi des phénomènes multiples et divers. Mais, sous ces phénomènes, je demeure un, identique, c'est-à-dire substance. Ma conscience atteint non-seulement les phénomènes, mais aussi le moi, sujet ou *substance* de ces phénomènes. Sans la Conscience, nous n'aurions pas l'idée de substance ; car les sens ne peuvent jamais atteindre que des phénomènes.

2° L'idée de cause. La conscience ne me montre pas le moi comme inerte. Elle ne nous donne pas seulement les phénomènes, mais aussi la cause des phénomènes. Elle nous montre ces phénomènes non seulement dans l'âme mais procédant de son activité.

L'homme est une cause, il se connaît comme tel. Quand je fais mouvoir mon bras, j'aperçois non-seulement l'effet qui est le mouvement, mais la force qui le produit et que je ne distingue pas de moi-même. Les sens ne me donnent que des successions de phénomènes.

3° L'Idée d'unité et d'identité. La conscience me montre sous la variété des phénomènes le *moi* toujours un et identique. C'est le même être qui voit, entend, raisonne. J'ai conscience de l'unité, de l'indivisibilité de ma personne.

Je ne suis pas une substance quelconque, une parcelle d'une substance universelle, comme le veulent les Panthéistes, je suis une unité substantielle.

Certitude de la Conscience.

L'autorité de la Conscience est absolue. Son témoignage est certain. La certitude de la Conscience est pour nous le fondement de toute certitude. C'est le roc cherché et trouvé par Descartes pour construire l'édifice de nos connaissances. Il faut pourtant se bien garder d'accorder avec lui à la certitude de la Conscience une valeur telle qu'elle enlève toute valeur à la certitude de nos autres facultés.

Comment l'âme peut-elle se connaître?

Elle le peut 1° parce qu'elle est immatérielle; 2° parce qu'elle est libre.

1° Les modifications qui se produisent dans un corps matériel et divisible ne s'étendent pas nécessairement à tout le corps. Mais dans l'âme spirituelle et simple toute émotion a son retentissement dans l'âme tout entière, il y a conscience.

2° L'âme est douée de conscience, parce qu'elle est libre. Elle se sait agir, parce qu'elle se fait agir. Il y a, en effet, proportion exacte entre l'intensité de la conscience d'un acte et l'intensité de la liberté déployée dans cet acte. Nous n'avons jamais plus conscience de nos actes que lorsque nous avons à déployer l'effort de notre activité libre. Et quand l'effort n'existe plus, quand l'habitude a remplacé l'activité volontaire, on sent la conscience disparaître par degrés. L'immatérialité et la liberté de notre âme expliquent donc la possibilité de la conscience.

La certitude de la conscience est indémontrable et inattaquable. Elle est indémontrable, car on ne prouve pas par le raisonnement que l'on pense, que l'on souffre, que l'on veut. Elle est inattaquable, car celui qui s'aviserait de pousser le doute jusque là saurait au moins qu'il doute et le saurait par la Conscience.

Art. III. — **De la Perception immatérielle ou de la Raison.**

Données de la Raison. — Principes directeurs de nos connaissances.

Les sens et la Conscience n'atteignent que les choses finies et contingentes. Or l'esprit humain peut s'élever au-dessus des choses contingentes et des faits d'expérience.

On appelle Raison pure ou Raison la faculté de l'intelligence qui nous fait connaître ce qui ne tombe pas sous l'expérience ou ce qui n'est perçu ni par la Conscience ni par les sens.

Mais cette définition est plutôt négative que positive.

On définit mieux la Raison : La faculté que nous avons de connaître les vérités nécessaires.

Ou bien : La faculté de l'absolu, la faculté des premiers principes.

Cette faculté franchit la sphère des choses qui naissent et périssent, comme dit Platon, pour s'élever à celle de la vérité éternelle et immuable.

On distingue les notions et les vérités premières.

Les notions sont de simples idées ; les vérités sont des jugements.

Notions ou Idées premières. — On appelle notions premières certaines idées simples, absolues, universelles, nécessaires, qui sont la base de tous nos jugements ou raisonnements.

Ces idées font une partie si essentielle de la Raison humaine que l'esprit qui en serait dépourvu ne serait pas un être raisonnable.

Elles sont, dit Leibnitz, dans l'esprit ce que sont les muscles et les tendons dans le corps.

Tout homme peut observer en lui-même ces idées. Nous trouvons dans toutes les langues des mots qui les expriment. On les retrouve, dit Jourdain, dans les jugements les plus familiers comme dans les sciences.

Les philosophes ont entrepris mais vainement de dresser une liste de ces idées qui fut acceptée de tous.

La classification la moins contredite les classe en trois ordres :

L'ordre physique est fondé sur les notions de temps et d'espace.

A l'ordre intellectuel se rattachent les notions de substance, de cause, de vrai, de beau.

A l'ordre moral se rattachent les idées d'absolu, de parfait, de bien, etc.

Toutes ces idées sont dominées par l'idée de Dieu, être infini, créateur et conservateur de l'ordre matériel, intellectuel et moral. C'est en lui qu'elles ont leur raison fondamentale et qu'elles trouvent leur unité, suivant S. Augustin et Bossuet.

Des vérités premières ou des principes de Raison pure.

Les vérités premières se distinguent des idées en ce qu'elles sont des jugements, tandis que les notions ne sont que de simples concepts. Les notions sont exprimées par un mot, les vérités par une proposition.

Les principes de Raison pure ont leur fondement dans les idées premières : néanmoins chronologiquement la connaissance de ces idées ne précède pas dans notre esprit celle des principes. Ces deux connaissances apparaissent simultanément dans l'intelligence.

Les vérités premières sont certains jugements primitifs, évidents, universels et correspondant aux notions premières. Ces vérités sont claires, universelles. Elles subsistent devant tous les siècles, dit Bossuet, et devant qu'il y eût un entendement humain. Elles seraient toujours véritables quand moi-même je serais détruit et quand il n'y aurait personne qui fût capable de les comprendre.

Dieu nous les a données pour nous diriger, sans même que nous y fassions une attention actuelle, à peu près comme nos nerfs et nos muscles servent à nous diriger sans que nous les connaissions.

Les vérités premières peuvent être divisées en deux classes : d'une part, les vérités logiques qui ne concernent que la pensée dans son rapport avec elle-même ; de l'autre, les vérités externes ou objectives, qui ont rapport à des objets.

Les vérités logiques sont l'expression de la loi suivant laquelle une pensée doit être d'accord avec elle-même.

Ces vérités servent de point d'appui à toutes les vérités rationnelles et on peut les appeler plus que les autres principes directeurs de nos connaissances.

Ces vérités sont : 1° le principe d'identité, qui affirme qu'un être est ce qu'il est, qu'il est identique à lui-même.

Il peut-être exprimé : *quidquid est est* : A = A.

Le principe d'identité énoncé sous cette forme : deux choses identiques à une troisième sont identiques entre elles, est la base du raisonnement.

2° Le principe de contradiction, qui est la forme négative du principe d'identité, s'exprime ainsi : il est impossible qu'une même chose soit et ne soit pas en même temps et sous le même rapport, ou bien : l'être n'est pas identique au non-être, ou : *quidquid non est non est.*

De ces deux principes résulte un autre principe qu'on a appelé le principe de l'exclusion ou du tiers exclu :

Une chose est ou n'est pas.

Les principales vérités premières objectives sont :

1° Le principe d'Espace : Tout corps est dans l'Espace.

2° Le principe de Durée : Tout évènement s'accomplit dans le Temps.

3° Le principe de Substance : Tout mode suppose une Substance.

4° Le principe de Causalité : Tout ce qui commence a une Cause.

5° Le principe de Raison suffisante : Tout ce qui existe a une raison suffisante.

6° Le principe de cause finale : Tout être a une fin.

7° Le principe d'absolu : Le relatif suppose l'absolu ; le fini suppose l'infini ; le contingent suppose le nécessaire ; l'imparfait suppose le parfait.

Art. IV. — De l'Attention et de la Réflexion.

L'attention est l'application de l'esprit à un objet. L'attention est une faculté de l'intelligence. Un acte d'attention, c'est l'âme agissant comme intelligence et le terme auquel tend cet acte, c'est une connaissance plus parfaite.

L'attention s'exerce souvent sous l'empire de la volonté, qui concentre l'effort de l'intelligence sur un objet spécial. Mais souvent l'attention se produit sans le concours de la volonté.

L'attention n'est pas la sensation transformée, comme l'a soutenu Condillac. En effet, la sensation est un fait passif ; l'attention est un acte. Etre attentif dépend de nous ; la sensation ne dépend pas de nous. Entre ces deux faits il y a toute la différence qui sépare la passivité de l'activité et par conséquent ce sont deux faits irréductibles.

Il est vrai que souvent ces deux faits se suivent. Une sensation très vive provoque l'attention, mais ne la constitue pas.

Ses effets. 1° Elle accroit l'énergie de l'impression produite par les objets : elle peut même la rendre exclusive (Archimède).

2° L'attention fait les idées claires, nettes, précises. C'est comme un microscope qui grossit les objets et permet d'en observer les plus petites nuances. Une vue distraite et inattentive des objets mérite à peine le nom de connaissance.

3° Elle grave les idées dans la Mémoire. Les faits auxquels nous avons été attentifs sont d'ordinaire les seuls que nous nous rappelions.

4° Une grande puissance d'attention est une condition indispensable du développement intellectuel. Newton faisait hommage de toutes ses découvertes à l'intention : il les avait faites, disait-il, en y pensant toujours.

Buffon a dit dans le même sens, avec un peu d'exagération, que le génie est une longue patience.

Il est important, sous le rapport moral et sous le rapport intellectuel de savoir diriger et maîtriser son attention. L'attention, qui s'exerce sous l'empire de la volonté et de la raison, est seule féconde.

La Réflexion est l'acte par lequel notre esprit revient sur ses propres opérations et se replie en quelque sorte sur lui-même pour considérer les pensées qui sont déjà en lui.

Au fond la réflexion est le même acte que l'attention. Mais il y a des différences : 1° l'attention applique l'esprit à des choses présentes et actuellement soumises à notre conscience, tandis que la réflexion s'exerce sur les choses absentes et sur les idées que ces choses ont laissées dans notre intelligence.

2° L'attention peut entrer en exercice à l'aide des organes extérieurs; l'attention est le travail de l'esprit se repliant sur lui-même.

3° La réflexion se compose d'une suite d'opérations, par exemple : analyser, comparer, déduire. L'attention est un phénomène simple et unique.

Différence entre la Réflexion et la Conscience.

La Conscience s'exerce dans le présent et ne suppose pas la Mémoire : la Réflexion, au contraire, l'exige, car elle s'exerce sur le passé.

Tous les hommes possèdent la conscience pour ainsi dire

au même degré ; il s'en faut au contraire que tous les hommes soient doués de la même puissance de Réflexion. Nulle chez l'enfant, elle est variable à l'infini, suivant les individus.

Les moyens de perfectionner l'attention et la réflexion sont : 1° le vouloir ; 2° mettre de l'ordre et de la méthode dans ses études.

Art. V. — De la Comparaison.

C'est une opération par laquelle l'esprit rapproche deux ou plusieurs objets pour en déterminer la ressemblance ou la différence. C'est donc une double attention.

Cette opération est très importante : 1° Toute la science humaine n'est guère qu'une connaissance de rapports entre les choses.

2° Elle fait mieux connaître les objets par la ressemblance et le contraste.

3° Elle est l'antécédent nécessaire des jugements par lesquels nous affirmons la convenance ou la disconvenance de deux idées.

4° Elle est la source de nos idées de grandeur, de petitesse, de supériorité, d'égalité, de progrès, de décadence, etc.

Art. VI. — De la Mémoire.

Etre fini, dont l'existence est successive, l'homme avait besoin d'une faculté qui lui permit de relier ensemble les différents instants de sa vie et de conserver ses connaissances acquises.

La Mémoire est la faculté qu'a notre esprit de conserver les connaissances acquises, de se les rappeler et de les reconnaître.

En analysant le souvenir, on y trouve les notions de durée successive et d'identité personnelle. Nous ne pouvons reconnaître une pensée comme ayant été déjà présente à notre esprit, sans connaître en même temps que nous existions lorsque nous avons eu cette pensée pour la première fois, que nous étions la même personne alors qu'aujourd'hui et que nous avons duré, c'est-à-dire continué d'exister depuis lors.

Pour se souvenir, il ne suffit pas d'avoir présent un objet à sa pensée, il faut se rappeler qu'on l'a vu, qu'on a été témoin de l'événement.

La Mémoire n'atteste proprement et directement que les

phénomènes de notre âme, de sorte que l'on ne devrait pas dire : je me souviens de telle personne, mais je me souviens d'avoir vu ou entendu cette personne. De là le mot de Royer-Collard : Je ne me souviens que de moi-même.

Conditions et lois. — L'état régulier et normal du cerveau est une condition essentielle. Aucune faculté, dit Bénard, ne dépend plus des organes et n'est plus précaire.

Les 4 lois du souvenir sont : 1° la vivacité de l'impression première; 2° l'attention qui est le burin de la Mémoire; 3° la répétition des actes et des impressions ; 4° l'association des idées.

L'art de se souvenir au moyen de signes artificiels s'appelle mnémotechnie (μνημης τεχνη, art du souvenir.)

Degrés de la mémoire. On distingue le souvenir proprement dit et la Réminiscence. Dans la Réminiscence, on reproduit des conceptions qu'on a déjà eues, sans les reconnaître.

Il conviendrait d'apprendre vite, de ne jamais oublier et de se rappeler à propos. Ainsi une excellente Mémoire serait facile, tenace et présente.

Voulez-vous conserver et fortifier votre Mémoire, exercez-la.

Art. VII. — De l'Association des Idées.

C'est la tendance qu'ont nos idées à se provoquer et à se rapprocher en vertu des rapports qui les unissent.

Ici le mot idée s'entend dans un sens très étendu et désigne tous les faits de l'âme.

Que les phénomènes spirituels soient liés entre eux, c'est un fait d'expérience qui ne saurait être contesté. Que de souvenirs éveillés en nous par un nom, un objet !

Les rapports en vertu desquels nos idées s'associent sont naturels ou arbitraires.

Les rapports naturels sont ceux qui sont déterminés par la nature des choses. Ils sont essentiels ou accidentels.

Les rapports essentiels sont ceux qui ne pourraient pas ne pas exister. C'est par de tels rapports que le principe rappelle la conséquence, l'effet la cause, le moyen la fin.

Les rapports accidentels sont ceux qui pourraient ne pas exister et qui sont régis par les 2 lois suivantes.

1° Loi de contiguité dans le temps et dans l'espace.

La prise de Constantinople en 1453 rappelle la Renaissance ; Tunis rappelle St-Louis, la prison Mamertine rappelle Jugurtha.

2° Loi de ressemblance et de contraste. Deux faits ou deux

personnages ont les mêmes caractères : l'idée de l'un éveille l'idée de l'autre. Siècle de Louis XIV, d'Auguste, de Périclès. — Néron, Caligula, et Tibère. — S'ils ont des caractères opposés, le même fait se produit : Néron rappelle Titus. Le vice fait penser à la vertu : le malheur fait regretter le bonheur.

Une des règles du beau consiste à rapprocher non-seulement des choses analogues, mais encore des choses dissemblables. De là les antithèses, les comparaisons, les métaphores si naturelles à l'esprit.

Les rapports arbitraires sont ceux qui résultent exclusivement d'une convention. C'est sur ces associations d'idées provenant de rapports arbitraires qu'est fondée la mnémotechnie.

Elle repose en général sur la similitude de consonnance dans les mots. Beaucoup de traits d'esprit, de jeux de mots consistent à rassembler au moyen de cette ressemblance les idées les plus disparates.

Influence de l'habitude et de la volonté sur l'association des idées.

L'habitude de répéter les mêmes actes facilite évidemment l'association des idées correspondantes.

De même l'association fréquente de certaines idées engendre l'habitude de penser à l'une quand l'autre se présente à l'esprit. Mais il ne faudrait pas confondre l'association et l'habitude, comme l'a fait Reid.

La volonté peut aussi exercer sur l'association son empire. Elle peut appliquer fortement l'attention sur quelque association particulière de manière à la rendre familière à l'esprit et à en faciliter le retour. Elle peut aussi réprimer certaines associations spontanées, en les écartant toutes les fois qu'elles se présentent et en les effaçant ainsi peu à peu de l'esprit.

L'éducation exerce une grande influence sur l'association des Idées. C'est elle qui les forme pour la plupart et qui les modifie. C'est par là qu'elle produit sur l'esprit de l'homme ces impressions durables et si décisives pour son malheur ou pour son bonheur.

Influence de l'Association des Idées. — 1° Son influence sur la Mémoire est manifeste. Elle est comme un fil qui nous aide à retrouver certaines pensées oubliées.

2° Son influence sur l'Imagination n'est pas moindre. C'est l'Association qui amène successivement sous les yeux de l'artiste et du poëte les idées et les images qui sont comme les matériaux de leurs compositions. L'Imagination emprunte presque tout son brillant à la vivacité et à l'originalité des associations d'idées.

3° L'Association influe sur le caractère. Suivant leur aptitude ou leur goût pour les associations naturelles ou arbitraires, les hommes se partagent en esprits légers, plaisants ou frivoles et en esprits graves et sérieux.

4° L'Association a une grande influence sur le jugement et sur la conduite de la vie. Elle est la cause des jugements faux, des préjugés, des superstitions. On associe les idées de bonheur et de richesse et l'on passe sa vie à rechercher les richesses.

C'est ce qui explique le succès de la Philosophie du 18e siècle. Professée par des hommes lettrés et des grands seigneurs, l'incrédulité paraît être le partage des esprits éclairés et supérieurs. Associée à ces idées de science et de grandeur, elle eut un accès facile dans le cœur du peuple, dont elle flattait d'ailleurs les passions.

Associationisme. — L'association des idées se trouve donc mêlée dans une certaine mesure à toutes les opérations de notre esprit. Frappés de ce fait, quelques philosophes de l'école anglaise contemporaine (Mill, Bain, Spencer) prétendent expliquer toute la vie intellectuelle par l'association d'impressions reçues, association purement empirique dont le fondement est l'habitude.

Ce serait méconnaître la distinction radicale de la pensée humaine et des consécutions de l'intelligence animale. De plus, nous avons vu que la volonté peut par l'attention agir sur l'association. Par la réflexion l'homme peut et doit reconnaître les associations vicieuses et les rompre.

La réflexion est inexplicable, si tout en nous, pensées et facultés, provient de l'association.

Nous verrons l'insuffisance de l'association à rendre compte des notions et des vérités premières.

Art. VIII. — L'Imagination.

On distingue l'Imagination reproductrice, l'Imagination productrice ou combinatrice et l'Imagination créatrice.

L'Imagination reproductrice est la faculté que possède l'âme de se représenter, sous une forme sensible, les objets qui ne frappent actuellement aucun de nos sens. L'Imagination purement reproductrice appartient à la sensibilité : elle est comme une mémoire sensitive. Elle reproduit sans rien créer, et même les images qu'elle fournit s'affaiblissent avec le temps.

Elle diffère de la Mémoire en deux points : elle ne reproduit pas tous les phénomènes spirituels, mais ce qui tombe sous les sens. De plus, par une de ces illusions qui la caractérisent, elle nous représente dans le présent cet objet, ce spectacle.

Elle est en quelque sorte la perception des sens continuée en l'absence des objets. Quand on croit réellement présents les objets qu'on imagine, il y a hallucination.

L'Imagination productrice ou combinatrice ne reproduit pas seulement les images : elle peut associer diversement ces images et en former des combinaisons toutes spontanées. Je n'ai jamais vu de bataille, mais j'ai vu des hommes armés, des chevaux, des canons, etc. De tous ces objets me sont restées des images. Je les combine ensemble et je me représente une bataille. Sous cette deuxième forme, l'Imagination est déjà inventive.

L'Imagination créatrice est la faculté de concevoir le beau et de le représenter sous une forme sensible.

L'Imagination mérite ce nom de créatrice, parce que l'idéal, le type de beauté qu'elle conçoit n'existe pas dans la nature. C'est cette invention, cette création du beau, qui est l'acte principal de l'Imagination créatrice.

Toute production de l'Imagination créatrice a pour principe un idéal conçu par l'intelligence d'après la réalité, mais supérieur à la réalité. Elle a pour éléments un ensemble de formes sensibles fournies par l'expérience et le souvenir. Le goût préside au choix des formes sensibles qui doivent être employées de préférence.

La combinaison de l'idéal avec la forme sensible dans laquelle il s'incarne et prend vie est l'œuvre essentielle de l'Imagination créatrice. Quand elle a trouvé cette combinaison heureuse qui s'appelle le beau, les hommes admirent et tressaillent. Dans toute œuvre *inspirée*, l'idée et la forme se fondent si harmonieusement, dans une unité si parfaite, que l'idée pénètre pour ainsi dire la forme et lui communique la vie.

Rôle de l'Imagination. — Elle est pour l'homme un don précieux. Simplement reproductrice, elle nous retrace l'image des personnes ou des objets qui sont loin de nous.

Sous sa seconde forme, elle peut rendre la raison moins aride. Aux pensées rigoureuses elle donne une forme plus brillante, de riches couleurs. Dans l'ordre moral, elle peut relever notre courage en nous montrant un avenir meilleur. Sous sa forme supérieure, elle crée les Beaux-Arts.

D'autre part, l'Imagination a des inconvénients. Elle peut aggraver et éterniser nos douleurs. Elle assombrit et engendre la mélancolie de René ou de Werther.

Elle peut nous ôter la vue saine des choses, et fausser le jugement. C'est, en un mot, la *folle du logis*, qui a besoin d'être soumise au contrôle sévère de la Raison.

Art. IX. — Formation des Idées abstraites et générales.

L'*abstraction* ressemble à l'attention : c'est une attention restreinte.

Elle se définit : l'opération par laquelle l'esprit considère séparément les unes des autres des propriétés qui n'existent que réunies dans un objet.

Si dans un corps nous ne considérons que l'étendue ou la longueur, nous faisons une abstraction.

L'esprit humain, ne pouvant à raison de sa faiblesse, embrasser l'ensemble de chaque chose, sépare la substance des propriétés ou une propriété des autres propriétés. C'est ce que nous faisons en étudiant à part chacune des facultés et des opérations de l'âme.

Sans l'abstraction, pas de science, car les idées abstraites formant la matière des idées générales, et la science a pour objet le général. « Il n'y a pas de science de l'individuel. »

Les hommes étant habitués à lier leurs idées à des choses sensibles, l'abstraction leur semble difficile. Contrairement à ce préjugé vulgaire, les idées abstraites sont plus claires et plus distinctes.

L'*abstrait* et le *concret*. — Le concret existe réellement, l'abstrait n'existe que dans la pensée. Le concret est complexe et donné par l'expérience ; l'abstrait est simple et construit par l'esprit. Cette création de l'esprit est libre et n'a de limites que le contradictoire.

Rien n'est plus commun que l'abstraction. Chacun de nos sens abstrait. Tous les mots, à part les noms propres, correspondent à des idées abstraites. Maître Jacques dit : est-ce à votre cuisinier ou à votre cocher que vous voulez parler ?

« Le roi de France ne venge pas les injures du duc d'Orléans. »

Le défaut à éviter, c'est de prêter un être réel à des conceptions abstraites. Les divinités du paganisme étaient des abstractions personnifiées.

La *Généralisation* est une opération par laquelle l'esprit avec les propriétés communes et abstraites de différents objets forme une notion qui convient à un grand nombre d'objets.

Ainsi, il y a divers êtres qui sont à la fois animés et raisonnables. Les ayant remarqués et comparés, je les désigne par cette notion : homme.

L'extension d'une idée générale désigne le nombre plus ou moins grand des individus auxquels elle convient. La compréhension désigne le nombre plus ou moins grand des propriétés qu'elle exprime. La compréhension et l'extension sont en raison inverse.

Les idées générales sont des idées abstraites. Mais il y a des idées abstraites particulières, par exemple l'idée de la couleur de ce papier.

On a partagé les idées générales en plusieurs classes subordonnées et on a obtenu les notions de genres, d'espèces, de famille, d'ordres, etc.

L'objet d'une idée abstraite et générale est réel sous un rapport, car la propriété qu'elle représente existe réellement ; mais cet objet est idéal sous un autre rapport, parce que la propriété qu'elle représente comme séparée n'existe que comme réunie à d'autres.

Logiquement, les idées générales résultent de la comparaison et de l'abstraction. En réalité, les idées générales nous viennent, pour le plus grand nombre, de l'éducation et du langage. Tous les noms communs expriment des idées générales.

Art. X. — **Du Jugement.**

Le jugement est l'acte par lequel l'esprit affirme une chose d'une autre.

Tout jugement est une affirmation. Il peut-être négatif dans la forme ; mais la négation n'est qu'apparente. Si je dis : Pierre n'est pas véridique, j'affirme la disconvenance de ces deux idées, et je pourrais dire Pierre est menteur. Le jugement est l'acte essentiel de la vie intellectuelle. — Il n'y a qu'un seul mot vivant, disent les Chinois, le verbe qui exprime l'affirmation. — L'affirmation est l'âme de la pensée, et le scepticisme absolu serait la mort de l'intelligence.

L'expression du jugement, c'est la proposition. Considérée grammaticalement, la proposition peut avoir plus ou moins de

4

parties : considérée logiquement, elle n'en a que trois : le sujet, le verbe et l'attribut.

Suivant les Anciens, tout jugement est comparatif. Cousin admet des jugements qui ne sont le résultat d'aucune comparaison : j'existe, je souffre etc. Dans ces jugements, notre esprit saisit à la fois le sujet et l'attribut et leur rapport dans un seul et même acte. Cousin appelle ces jugements primitifs ou intuitifs.

Janet et plusieurs autres acceptent une comparaison au moins virtuelle dans tous les jugements. Dans les jugements primitifs cette comparaison est spontanée, instantanée.

Le jugement est un acte de l'esprit et non de la volonté. Souvent le jugement est prononcé contrairement aux tendances de la volonté. Toutefois la volonté a sa part dans plusieurs de nos jugements, soit en déterminant l'intelligence à concentrer son attention sur un objet, soit en la faisant se prononcer sans un examen suffisant, soit en extorquant une décision conforme à la passion qui la domine. Le jugement erroné peut donc être coupable.

On divise les jugements : 1° en contingents et nécessaires, suivant qu'ils expriment un rapport dont nous pouvons concevoir ou non la non-existence 2° en analytiques et synthétiques. Les premiers sont ceux dans lesquels l'attribut est implicitement renfermé dans le sujet : le triangle est un polygone à 3 côtés. Les seconds sont ceux dans lesquels l'attribut ajoute quelque chose au sujet : cet homme est méchant. 3° en jugements *a priori*, qui sont donnés directement par la Raison, et jugements *a posteriori*, qui sont donnés par l'expérience.

Art. XI. — Du Raisonnement.

Il y a des vérités qui sont évidentes, qui s'offrent à nous d'une manière irrésistible. Nous les saisissons par *intuition* Le plus souvent, l'esprit ne voyant pas l'évidence d'une vérité s'y achemine par des intermédiaires en allant du connu à l'inconnu : c'est ce qu'on appelle raisonner. « Je ne puis franchir un fossé de 4 pieds ; mais si je mets une pierre au milieu de ce fossé, je le franchirai en deux pas de deux pieds chacun. Tel est à peu près l'édifice du raisonnement. »

Le raisonnement est une opération par laquelle d'une vérité connue on passe à une vérité inconnue.

On distingue 2 modes de raisonnement : l'Induction et la Déduction.

Le raisonnement déductif va du général au particulier. Il consiste à trouver une vérité particulière renfermée dans une vérité générale qui est connue. On peut le définir : Une opération par laquelle notre esprit prononce sur la convenance ou la disconvenance de deux idées après les avoir comparées à une troisième.

Le raisonnement inductif va du particulier au général. Il élève notre esprit de la connaissance de certains faits, à la connaissance des lois qui régissent ces faits, d'un ou de plusieurs cas il tire une conclusion générale.

Le raisonnement est une nécessité pour nous à cause de la faiblesse de notre esprit. Nous ne connaissons la vérité que par parcelles et par des intermédiaires, d'une manière *discursive*.

Bien employé, le raisonnement est le secret de notre force intellectuelle ; il est le moyen de découvrir le trésor caché de la science. On peut mal user de cette faculté précieuse. Cette *faculté ratiocinante*, comme l'appelle Rabelais, est souvent, quand l'esprit n'est pas juste, une cause d'égarements. C'est dans ce sens que l'on oppose quelquefois la Raison au raisonnement :

Raisonner est l'emploi de toute ma maison,
Et le raisonnement en bannit la Raison.

Art. XII. — Origine des Idées.

Le programme pose ainsi cette question :

Peut-on expliquer les principes directeurs de la connaissance par l'expérience, l'association, ou par l'hérédité ?

L'Idée est la représentation d'une chose dans l'esprit ; la notion que l'esprit reçoit ou se forme de quelque chose. (Académie.)

L'idée subjective est une simple vue intellectuelle.

L'idée objective est l'ensemble des propriétés essentielles d'un objet.

Les idées sont vraies ou fausses ; distinctes ou confuses ; positives ou négatives ; concrètes ou abstraites. Elles sont expérimentales ou rationnelles ; nécessaires ou contingentes.

La question de l'origine et de la formation des idées a toujours été le sujet des plus vives discussions et a reçu des solutions bien différentes. Nous avons déjà indiqué la solution de cette question en traitant de la perception des sens, de la perception externe et de la Raison.

1° Toutes nos connaissances expérimentales relatives au monde physique nous sont fournies par la perception externe.

Il faut ici distinguer la perception de la sensation. La perception est un acte intellectuel : les sens éveillent cet acte, mais sont impuissants à le produire.

2° Les idées psychologiques nous sont données par la conscience, qui perçoit directement les faits internes.

3° Les idées abstraites et générales sont produites par l'intelligence opérant, par voie d'abstraction et de généralisation, sur les matériaux fournis par l'expérience des sens et de la conscience.

Mais quelle est l'origine des notions ou vérités premières ?

L'École spiritualiste française soutient que ces notions et vérités premières étant nécessaires et universelles ne peuvent être ni des connaissances expérimentales, ni une déduction des connaissances expérimentales. L'expérience ne nous fait connaître que ce qui est fini et contingent et aucune abstraction ou généralisation ne peut en tirer l'infini et le nécessaire. Nous sommes donc forcés d'avoir recours à une perception supérieure, la Raison pure, qui, à l'*occasion du contingent*, s'élève au nécessaire, à l'occasion du fini conçoit l'infini.

La Raison pure perçoit les idées nécessaires à l'*occasion* des idées contingentes. Ainsi j'ai l'idée de mon imperfection, fait d'expérience. A propos de mon imperfection, je conçois l'être parfait.

Les connaissances expérimentales sont donc l'occasion et non la source des vérités absolues : c'est la grande erreur des sensualistes de confondre occasionner avec produire.

Dans la formation des idées nécessaires, l'expérience et la Raison interviennent. L'idéalisme, qui veut tout expliquer par la Raison, et le sensualisme, qui veut tout expliquer par l'expérience, sont deux erreurs.

Doctrines Sensualistes.

Le sensualisme, sous sa forme la plus grossière, le matérialisme, fut soutenu par Leucippe et Démocrite, Epicure et Lucrèce, et Zénon, le chef des stoiciens, qui adopta la maxime : *nihil est in intellectu quod non pius fuerit in sensu.* Dans les temps modernes, les principaux sensualistes sont : Hobbes, Gassendi, Locke et Condillac.

La théorie de Locke est la plus célèbre. Suivant Locke, l'âme est à l'origine une table rase (*tabula rasa*) et par conséquent *nihil est in intellectu quod non prius fuerit in sensu :* il admet deux sources des idées : la sensation et la réflexion.

Par Réflexion, il entend l'observation des phénomènes intérieurs. Pour Locke, les limites de notre connaissance sont les limites de l'expérience même. Il est ainsi amené à nier ou à dénaturer celles de nos idées qui ne peuvent être ramenées à cette source. Mais toutes ces théories sont renversées par une observation que Leibnitz et Kant ont développée d'une manière victorieuse, c'est que les notions et les vérités premières sont des idées universelles et nécessaires et que ces deux caractères, l'universalité et la nécessité, ne peuvent être le produit des sens et de l'expérience. Il faut qu'une autre faculté intervienne.

En vain Locke associe ou combine les idées simples acquises par les sens ou la conscience, l'union et la combinaison d'éléments contingents et relatifs ne saurait produire un composé nécessaire et absolu. Qu'on ajoute le fini au fini, le nombre au nombre, on n'aura jamais l'infini.

De nos jours, l'Ecole anglaise (Stuart Mill) a voulu expliquer le caractère de nécessité que présentent les vérités premières par l'association des idées et l'habitude. Lorsque deux idées se rencontrent plusieurs fois dans une même conscience, il s'établit une habitude de l'esprit qui devient invincible par la répétition. C'est ce qu'on a appelé les associations indissolubles. Ces associations indissolubles expliquent tous les principes les plus élevés de l'entendement humain.

Ce système explique tout au plus la nécessité et l'universalité relatives des principes de la Raison. Ces principes seraient universels et nécessaires pour ceux qui en ont contracté l'habitude, ils ne sont pas universels et nécessaires pour les autres. Plaisante théorie, qui fait dépendre la valeur des principes de la force de l'habitude !

Pour le principe de cause en particulier, l'expérience ne nous fournit pas une association indissoluble. Bien des faits se suivent qui ne sont pas unis par le lien de cause et d'effet, et le nombre des faits dont nous connaissons la cause est très restreint.

L'explication de Stuart Mill étant si défectueuse, l'Ecole anglaise la plus récente (Spencer) a renoncé à faire de l'expérience individuelle la source des vérités premières et les a attribuées à l'humanité. Ce sont des idées que les générations se sont transmises en les élaborant et elles sont le produit d'associations et d'habitudes héréditaires. C'est la loi de l'évolution appliquée à la pensée.

L'empirisme héréditaire repose sur l'empirisme individuel; or, s'il n'y a rien d'universel et d'absolu dans l'expérience individuelle, on aura beau supposer toutes les accumulations d'expériences, on n'arrivera jamais à hériter de l'universel et du nécessaire. Entassons les éléments empiriques tant que nous voudrons, nous ne sortirons pas de l'empirisme. Le fini ajouté à lui-même indéfiniment ne donnera jamais l'infini.

On pourrait demander à Spencer ce qu'était la vérité universelle et absolue pour les premiers hommes. Au premier âge de l'humanité, comme aujourd'hui, les hommes usaient de leur raison, et ils appliquaient par conséquent, comme aujourd'hui, tous les principes que l'on voudrait expliquer par des habitudes séculaires.

Doctrines Idéalistes.

Plusieurs philosophes ont enseigné qu'avant toute expérience, avant tout exercice de notre activité intellectuelle, nous possédons des idées proprement dites.

Platon a supposé que nos idées ne sont que des *réminiscences*, que nous les avions acquises dans une autre vie.

L'Ecole d'Alexandrie enseignait que la vérité ne nous apparaît que dans une communication directe avec Dieu. Par l'extase, l'âme s'abîme en Dieu et participe à sa lumière.

Plusieurs Cartésiens et en particulier Malebranche, qui voit tout en Dieu, et l'école ontologique regardent nos idées comme la manifestation immédiate de l'être infini auquel nous sommes unis.

Kant soutient que les vérités premières sont en nous antérieurement à toute expérience.

Descartes enseigna d'abord que nos idées étaient innées, que nous les apportions en naissant comme les marques du Créateur sur son ouvrage.

Toutes ces doctrines sont fausses.

Système des Idées innées d'après Descartes et Leibnitz.

Descartes et Leibnitz distinguent les idées *acquises*, que Descartes divise en adventices et factices, et les idées *innées*. Les idées innées, dont nous apportons le germe en venant au monde, n'existent pas toutes faites dans l'âme; elles y sont en quelque sorte à *l'état latent*. Elles sont comme des caractères gravés sur des tablettes enduites de cire : pour lire ces caractères, il faut que le soleil de l'expérience vienne fondre la couche de cire qui les recouvre.

Pressé par ses adversaires, Descartes finit par déclarer dans sa réponse à la 10e objection : « lorsque je dis que quelque idée est née avec nous, j'entends seulement que nous avons en nous-mêmes la faculté de la produire. »

Leibnitz a soutenu la théorie des idées innées en la modifiant. Il corrigea le principe sensualiste : *nihil est intellectu quod non prius fuerit in sensu*, en y ajoutant : *nisi intellectus ipse.* Il modifia la doctrine de Descartes en disant que nous avons en nous non pas précisément des idées expresses mais des dispositions, des habitudes, des *virtualités* naturelles, qui n'attendent que l'occasion de l'expérience pour se manifester. « Nos idées sont innées, c'est-à-dire qu'elles sont dans notre âme à l'état virtuel, comme la statue dans un bloc de marbre dont les veines dessinent les contours. »

L'idée innée de Descartes et de Leibnitz serait mieux nommée, vertu innée de la raison.

Système scolastique. — Aux sens appartient la première connaissance dans l'ordre chronologique. L'intelligence s'empare de toutes les données fournies par les sens externes, par le sens intime, par l'imagination et la mémoire, et s'élève à son objet propre, l'universel. Par une faculté spéciale, *l'intellect actif*, qui est la faculté d'abstraction, l'âme convertit le concret en abstrait et par la comparaison et la généralisation tire du sensible l'intelligible.

Ce système tient le milieu entre l'empirisme pur et l'idéalisme.

Ici l'intellect n'est pas une faculté purement *passive* ne percevant que ce que les sens lui montrent. L'âme unie à un corps lui doit la *matière* de ses connaissances, mais elle possède une activité merveilleuse, qui la rend la cause efficiente, quoique partielle de toutes ses idées.

Le thomisme fait au sensualisme toutes les concessions auxquelles il a droit. Il observe d'abord pour raisonner ensuite ; il n'admet aucun principe inné ou *a priori*, et il n'approuve rien qu'il n'infère de l'expérience. Il rend bien compte des idées générales dues à l'abstraction et à la généralisation.

Il explique ainsi les idées nécessaires ? En observant les êtres qui nous entourent, l'intelligence les trouve différents et inégaux en perfection, par conséquent limités, finis ? Du concept de fini, elle s'élève à l'infini en niant les limites. — Du fini, de l'être limité et imparfait nous nous élevons ainsi à l'être parfait.

CHAPITRE III.

—

DE L'ACTIVITÉ.

L'activité, dans son sens général, est le pouvoir qu'a l'âme d'être cause, de produire une action.

La simple observation des faits internes nous montre dans l'âme une activité incessante. Nous sentons que notre âme veut, pense, fait effort pour mouvoir les organes auxquels elle est unie. Cette force interne se manifeste dans tous les états du moi, sensation, connaissance, résolution. Aussi Leibnitz a-t-il eu raison de définir l'âme : *vis sui conscia*.

Il y a 2 formes d'activité : l'activité spontanée et l'activité réfléchie.

Dans l'activité spontanée, ou l'instinct, l'âme agit sans se rendre compte de son action. Dans l'activité réfléchie, ou la volonté, l'âme maîtresse d'elle-même n'agit qu'avec connaissance de cause. Entre l'instinct et la volonté se place l'habitude.

Art Ier. — De l'Instinct.

L'Instinct est un penchant naturel qui nous fait accomplir, souvent à notre insu et toujours sans connaissance du but, certains actes destinés surtout à la conservation du corps.

L'instinct a les caractères suivants : 1° Ignorance du but ; 2° perfection immédiate ; 3° absence de progrès ; 4° spécialité et uniformité ; 5° nécessité.

L'instinct chez l'homme est moins développé que dans les animaux. C'est lui cependant qui préside dans la première enfance à un grand nombre d'actes nécessaires à notre conservation.

C'est l'instinct qui détermine certaines actions qui doivent être répétées trop souvent ou trop rapidement pour que la raison puisse intervenir : mouvement des paupières qui conserve le lustre de l'œil ; mouvement du bras pour protéger le corps dans sa chute etc.

On ne peut expliquer l'instinct par des habitudes héréditaires ; car ces habitudes ne seraient pas universelles, invariables, spéciales, fatales, stationnaires comme elles le sont.

Art. II. — De l'Habitude.

L'Habitude est une disposition d'esprit ou de corps qui résulte de la répétition ou de la continuation des mêmes actes ou des mêmes impressions.

Loi de l'Habitude. L'Habitude émousse la sensibilité et développe l'activité.

On distingue les habitudes actives et les habitudes passives. Les habitudes passives sont produites par les sensations répétées ou continues. Les habitudes actives naissent de la répétition des actes.

L'habitude active une fois acquise, l'acte autrefois difficile nous devient comme naturel : l'habitude est une seconde nature, c'est un instinct acquis.

Les habitudes passives affaiblissent les sensations et les impressions : le vieux soldat ne salue plus les balles ; le meunier dort dans son moulin, etc.

Les habitudes actives augmentent et perfectionnent l'activité. Si les actes produisent l'habitude, l'habitude produit ensuite les actes, dit Malebranche. *Fit fabricando faber*, dit le proverbe.

Art. III. — Activité volontaire.

L'activité réfléchie est la faculté que possède l'âme d'agir avec connaissance de cause.

Analyse de l'acte volontaire. — Considéré dans son essence, l'acte libre et volontaire est simple ; mais envisagé dans l'ensemble des phénomènes qui en sont les préliminaires ou la conséquence, il est complexe. On distingue :

1° La *Conception* de l'acte à faire. *Nihil volitum quin præcognitum.*

2° La *Délibération.* — L'âme examine les motifs qu'elle a de poser l'acte ou de s'en abstenir. Les motifs peuvent être plus ou moins combattus par les mobiles qui sont les impulsions de la sensibilité.

3° La *Détermination.* — Après avoir pesé les motifs, l'âme se détermine à agir ou à ne pas agir, à agir dans un sens ou dans un autre. C'est cette décision qui constitue l'acte libre.

4° L'*Exécution*, qui est le complément de l'acte volontaire. Il ne dépend pas toujours de nous d'exécuter ce que nous avons résolu ; mais, si j'ai pris une décision, si j'ai voulu, l'acte volontaire existe. En conséquence, le mérite ou la culpabilité de l'homme dépendent moins de ce qu'il fait que de ce qu'il veut, moins de ses actes que de ses intentions ou volontés.

L'activité volontaire est réfléchie et libre ; elle est supérieure à toute contrainte ; elle est maîtresse de ses déterminations. C'est pourquoi nos résolutions nous appartiennent en propre, et par conséquent engagent notre responsabilité et nous rendent dignes d'estime ou de mépris.

De la Liberté.

La Liberté est le pouvoir de se déterminer, d'agir ou de ne pas agir, d'opter entre différents partis.

Démonstration de la Liberté.

1° Par la *Conscience*. — Elle nous affirme que dans un grand nombre de nos actes nous sommes libres. Au moment où je me détermine à une chose, rien ne me contraint à prendre tel parti, et, quels que soient les motifs qui m'y sollicitent, je sens que je pourrais adopter le parti contraire. En face d'une résolution importante, je réfléchis, je délibère, je demande conseil ; enfin je me résous. Tous les jours, en présence du plaisir qui m'attire, de l'intérêt qui me sollicite, du devoir qui me commande, je sens que je puis à mon gré sacrifier le devoir à l'intérêt, ou bien, sans tenir compte des calculs de l'égoïsme, embrasser le parti de la vertu.

2° La liberté est proclamée par l'*universel témoignage* des hommes et des choses. Tous les hommes admettent que certaines actions sont dignes de blâme et de châtiment, que d'autres méritent l'éloge et la récompense. Il y a partout des lois et des tribunaux. Sans la liberté, tout cela est inintelligible. Si je ne suis pas libre, vos châtiments sont des injustices, et je ne vois plus de criminels que les juges.

3° Qui ne se sent obligé par la *loi morale*, et qui ne voit qu'elle suppose la liberté ? « Si les hommes, dit Fénélon, ne sont pas libres dans ce qu'ils font de bien ou de mal, le bien n'est plus bien, le mal n'est plus mal... » Si l'homme n'est pas libre, la religion, la morale, la législation, l'éducation, l'ordre social, tout est anéanti.

Objections contre la liberté.

On peut distinguer : le fatalisme théologique, le fatalisme psychologique (Déterminisme) et le fatalisme physiologique.

1° *Fatalisme théologique.* — Dieu a prévu nos actes et nous ferons infailliblement ce que Dieu a prévu.

La réponse est aussi célèbre que l'objection. Elle repose sur la véritable notion de la prescience divine. L'intelligence infinie domine le temps : il n'y a pour elle ni passé, ni avenir. Cette prétendue prescience est donc science, vision. Dieu témoin de nos actes ne les rend pas plus nécessaires que je ne rends nécessaire l'acte d'un autre homme en le voyant agir.

L'objection disparaît dans un mystère. Pour la résoudre complètement, il faudrait avoir une idée complète de l'escence divine et de la nature de son intelligence.

Si nous considérons la prescience de Dieu comme une science, l'infaillibilité de sa science fait que les choses doivent arriver comme il les prévoit. Celles qu'il a prévues comme libres arriveront donc librement. Au lieu de compromettre la liberté de nos actions, la prescience divine en est la garantie.

2° *Déterminisme.* — Voici l'objection : la volonté ne saurait se déterminer sans motifs ; car elle peut toujours apporter une raison de ses actes délibérées. Si le motif qui agit sur la volonté est unique, le choix est impossible ; s'il y en a plusieurs, le plus fort doit prévaloir ; autrement nous aurions un acte sans raison suffisante.

Réponse. — Quant au premier cas, où un seul motif agit sur la volonté, celle-ci peut vouloir ou ne pas vouloir, agir ou s'abstenir. Par conséquent, en agissant, elle n'est pas entraînée fatalement. Quand au second cas, il est faux que de deux motifs contraires le plus fort l'emporte nécessairement. Cette affirmation paraît un paradoxe, mais il suffit d'observer que le pouvoir personnel peut appuyer le motif le plus faible et ce motif devient le plus fort.

L'âme délibérant entre deux motifs n'est pas inerte, elle est active. L'âme se plaçant en face de l'acte à faire apprécie la valeur des motifs, les juge, les compare. C'est avec raison que Reid compare les motifs à des avocats plaidant à la barre de notre libre arbitre. Ce n'est pas l'avocat, c'est le juge qui rend la sentence. Les motifs disposent, inclinent, mais ne contraignent pas. La volonté éclairée par les motifs est plus ou moins sollicitée et mise en demeure de se prononcer ; mais là s'arrête le rôle des motifs.

On ne peut comparer qu'avec réserve la volonté libre à une balance entraînée fatalement par le poids le plus fort, ou à la girouette, ou à l'aiguille aimantée. La comparaison de la balance est doublement fausse, parcequ'elle fait la volonté inerte et qu'elle dénature l'action des motifs. Les poids dont vous chargez une balance ont une commune mesure et on saura d'avance de quel côté penchera le fléau. Quelle commune mesure peut servir à apprécier le plaisir, l'intérêt, le devoir ? Il est impossible d'établir une gradation objective et absolue des motifs.

Le Déterminisme est contredit par ce fait d'expérience. Si l'action est toujours déterminée par le motif le plus fort, comment expliquer le violent effort que la volonté doit parfois se faire pour prendre une détermination ?

Les Déterministes confondent les préférences ou le jugement de l'intelligence sur la valeur des motifs et la détermination volontaire. En réalité, la volonté se décide-t-elle toujours pour le motif qui a paru à la raison le meilleur ? S'il en était ainsi, nous ne ferions jamais de fautes, parce que nous agirions toujours conformément à notre conscience. Mais ne savons-nous pas que nous pouvons résister à la lumière ? *Video meliora proboque, deteriora sequor.* Je puis choisir ce qui me convient, sans tenir compte de la lumière de la raison.

Le fatalisme physiologique enseigne que le tempérament, le climat, le régime, l'éducation, les habitudes s'imposent fatalement à notre volonté.

Ces influences existent et leur force est immense. Mais si ces influences affaiblissent le libre arbitre, il ne s'ensuit pas qu'elles déterminent toujours et nécessairement notre volonté. 1° Nous avons parfaitement conscience de pouvoir résister à ces influences ; 2° nous y résistons souvent, quelquefois même nous agissons directement contre les impressions et contre les sollicitations physiologiques.

CHAPITRE IV.

—

SPIRITUALITÉ ET IMMORTALITÉ DE L'AME.

———

Après l'étude des faits psychologiques et des facultés qui les produisent, une question se présente : quelle est la nature de ce principe qui en nous connaît, sent et veut, en un mot qui a conscience de soi-même?

Les Matérialistes prétendent qu'il n'y a pas dans l'homme autre chose que le corps. Les Spiritualistes soutiennent que le moi, qui a conscience de lui-même, est distinct du corps, qu'il est un esprit qui a son existence propre, et que l'homme est un composé de corps et d'esprit.

ART. Iᵉʳ. — Distinction de l'âme et du corps.

1ʳᵉ *Preuve.* — Nous avons vu la distinction des phénomènes psychologiques et des phénomènes physiologiques. Deux ordres de phénomènes aussi distincts doivent émaner de deux causes distinctes.

2ᵉ *Preuve.* — L'unité de la pensée. L'acte de penser consiste à ramener la pluralité à l'unité ; or l'unité de la pensée suppose l'unité du sujet. Mais toute matière corporelle est composée de parties : elle ne peut donc être le sujet de la pensée. Le sujet unique de la pensée, c'est l'âme.

3ᵉ *Preuve. L'identité personnelle.* — La Conscience nous dit que le moi est un, qu'il demeure le même au milieu des phénomènes multiples, c'est-à-dire que le moi d'aujourd'hui est celui d'hier, celui d'il y a 10 ans. Et c'est là ce qu'on appelle identité. Sans cette identité la mémoire serait impossible. Elle suppose un lien continu entre le moi du passé et le moi du présent. Si l'homme n'était pas identique à lui-même, comment pourrait-il être responsable des faits passés ? Sans cette identité, le remords serait absurde, et la punition des crimes passés serait injuste. Or, il y a dans le corps humain un fait qui est le contraire de l'identité, c'est le *tourbillon vital*. Si nous ne trouvons pas dans le corps l'identité matérielle, nous y trouvons encore, moi la conscience, le souvenir de l'identité personnelle.

4ᵉ *Preuve*. — Le genre humain et le sens commun acceptent la distinction du corps et de l'âme. Le Matérialisme a été soutenu par quelques philosophes, qui se sont mis en opposition avec le témoignage du genre humain.

5ᵉ *Preuve*. — *La liberté morale*. — Le moi est libre d'agir ou de ne pas agir en certains cas. Mais rien n'est plus contraire à la nature du corps. La matière est inerte et incapable de modifier son état. Elle est soumise à une loi fatale : comment serait-elle une cause libre ? — L'âme seule explique la liberté morale, attribut fondamental de la nature humaine.

Objections matérialistes.

Le Matérialisme s'obstine à ramener la force intelligente à la réalité sensible.

1° Les uns nient l'âme parce qu'elle ne tombe pas sous les sens. » Je ne crois pas à l'âme, disait Broussais, car je ne l'ai jamais trouvée au bout de mon scalpel. »

Ce mot fait peu d'honneur à son auteur. Il faudrait dire : Je ne cesserai de croire à l'âme que lorsque le scalpel pourra la toucher.

La Conscience nous fait connaître des faits que les sens n'atteindront jamais. Un chirurgien, qui opère sur des parties malades, ne connaît la douleur du patient que par ses cris. Mettez à nu mon cerveau pendant que je pense, verrez-vous ma pensée ?

2° Frappés des relations intimes entre l'état du cerveau et les opérations de l'âme, les Matérialistes disent : La pensée est un produit du cerveau. « L'âme, dit Broussais, est un cerveau agissant ». « Sans phosphore pas de pensée, dit Moleschott. » Par suite, c'est le cerveau, c'est la matière phosphorée qui pense.

Mais le cerveau est multiple, il est un composé de molécules. Le cerveau n'a pas d'identité, ses molécules se renouvellent et se substituent les unes aux autres. Le cerveau, simple masse de chair, est aussi incapable de liberté et d'intelligence que le corps entier.

Le Matérialisme confond les conditions de la pensée avec son principe. Le moi pense avec l'aide du cerveau. La réponse à cette difficulté se trouve dans ce mot : « Le cerveau est l'organe des conditions de la pensée. » Nous devons ajouter que la science ignore encore à quelles circonstances tient précisément le fait de la pensée. Certaines expériences faites sur le cerveau des pigeons n'autorisent par des conclusions rigoureuses sur les conditions de la pensée humaine.

3° Une autre objection se base sur le *transformisme*, qui prétend expliquer la pensée par une transformation des propriétés vitales, les propriétés vitales par l'organisation de la matière et des affinités chimiques, et les affinités chimiques par les combinaisons mécaniques. Dans ce système évolutionniste tout est réductible à la mécanique des atomes.

Ce système se heurte à bien des difficultés et à des impossibilités.

Le mouvement n'est pas la vie et la vie ne peut sortir de la matière; le sentiment ne peut pas sortir de ce qui a seulement la vie; l'intelligence ne peut sortir de ce qui a seulement sentiment et sensation. La vraie science soutient que la matière est inerte. Elle nie les générations spontanées. Les théories matérialistes ne sont que de coupables rêveries en tout contraires à la science et à la raison.

Art. II. — De l'Union du corps et de l'âme.

L'âme et le corps sont distincts, mais étroitement unis. Cette union est substantielle. Le corps et l'âme ne forment qu'un seul composé, un seul tout, un principe unique d'action et de passion. Nous sentons qu'il y a en nous deux principes tout à fait distincts par leurs opérations et leurs tendances; mais nous sentons avec non moins d'évidence qu'ils forment un seul tout vivant.

L'âme pénètre le corps, lui communique une nouvelle manière d'être, et le corps, en s'unissant à l'âme, lui communique à son tour, un élément essentiel, la sensibilité. C'est pour cela que l'homme diffère essentiellement et de l'âme et du corps pris séparément. On a quelquefois comparé l'union de l'âme et du corps à celle d'un pilote avec son vaisseau, d'un artiste avec son instrument. Platon a dit : l'homme est une âme se servant d'un corps. Bonald dit : l'homme est une intelligence servie par des organes. « Mais, dit Bossuet, il y a une grande différence entre les instruments ordinaires et le corps humain. Qu'on brise le pinceau d'un peintre ou le ciseau d'un sculpteur, il ne sent point les coups dont ils ont été frappés, mais l'âme sent tous ceux qui blessent le corps, et au contraire, elle a du plaisir quand on lui donne ce qu'il lui faut pour s'entretenir. Le corps n'est donc point un simple instrument, ni un vaisseau que l'âme gouverne à la manière d'un pilote. Il en serait ainsi si l'âme n'était qu'intellectuelle ; mais parce qu'elle est sensitive, elle est forcée de s'intéresser d'une façon particulière à ce qui touche le corps et de le gouverner non comme une chose étrangère mais comme une chose intimement unie. » L'âme et le corps ne font ensemble qu'un tout naturel et il y a entre eux une parfaite et nécessaire communication. C'est ce qu'exprime Bossuet quand il dit que l'homme est une substance intelligente née pour vivre dans un corps et lui être naturellement unie.

Maissi cette union du corps et de l'âme est un fait incontestable, le mode intime de cette union est un profond mystère. L'union qui soude un esprit à un corps, l'animalise en quelque sorte et en fait un composé vivant est vraiment merveilleuse, et l'homme ne peut le comprendre.

Systèmes divers sur l'Union de l'âme et du corps.

1° *Causes occasionnelles.* — Malebranche regarde comme impossible l'action réelle du corps sur l'âme et de l'âme sur le corps ; mais Dieu est là toujours présent et il produit les pensées de l'âme à l'occasion des mouvements du corps et les mouvements du corps à l'occasion des pensées de l'âme.

2° *L'Harmonie préétablie.* (Leibnitz). — L'âme et le corps sont deux substances ou monades n'ayant aucune influence réelle l'une sur l'autre. Leur conformité ou correspondance est préétablie par Dieu. L'âme et le corps sont comme deux horloges bien réglées marquant toujours la même heure sans dépendre l'une de l'autre.

Ces deux théories contredisent un fait dont nous avons la conscience la plus nette et la plus vive. Elles brisent l'unité de la nature humaine et anéantissent la liberté.

3° Le *Médiateur plastique.* — Cudworlk admet un principe médiateur entre Dieu et la matière dans le monde, entre le corps et l'âme dans l'homme. La difficulté est reculée et non résolue. Or suppose un médiateur à la fois esprit et corps ; mais comment la même substance participera-t-elle des deux sans être ni l'un ni l'autre ? —

4° *L'influx physique.* — Euler accepte une influence réelle et effective du corps sur l'âme et de l'âme sur le corps. L'âme occupe un point central du cerveau où viennent aboutir tous les nerfs ; là elle reçoit les impressions du dehors, là aussi elle imprime aux organes les mouvements nécessaires. Ce serait donc seulement l'union des actes et des forces : l'union ne serait pas substantielle.

L'union du corps et de l'âme n'est pas expliquée par ces 4 systèmes. Le corps et l'âme sont unis non d'une union purement accidentelle, mais substantielle. Ces deux substances se complètent et s'achèvent mutuellement. Ce sont deux éléments nécessaires de la nature humaine, bien que l'âme soit le principal élément.

L'unité de l'être humain est si parfaite que les actes de la vie animale comme les actes de la vie intellectuelle et morale appartiennent à un seul et même *moi*. Nous disons *je* pense, *je* veux, comme nous disons *je* marche, *je* mange.

Le corps et l'âme sont deux substances *incomplètes* qui, réunies, forment un être unique, une seule *personne*.

On appelle *personne* un être intelligent et libre, conscient et responsable de ses actes.

A la personne est opposée la *chose*. Celle-ci ne s'appartient pas, et n'a pas conscience de ses actes, n'est ni libre ni responsable. L'animal, le végétal, le minéral sont des choses. L'homme et tout être spirituel est une personne.

La personne humaine, c'est le *moi* conscient et responsable. L'homme est un principe d'action ; il a conscience des actions qu'il produit et du pouvoir qu'il a de les produire, il a l'empire sur soi-même.

L'âme est le principe de la personnalité dans l'homme. L'âme est la forme du corps, disent les scolastiques. Pénétrant le corps, elle l'anime et l'informe, elle le fait subsister, lui communique sa grandeur. Mais l'âme ne suffit pas à elle seule pour constituer la personne humaine. (1) Sans le corps, l'âme possède une puissance qu'elle ne peut réduire en acte ; sans le corps, elle n'est pas un principe complet d'opérations, elle ne peut exercer ses plus nobles facultés sans le secours des sens.

Le corps et l'âme forment donc ensemble un principe complet d'action, une seule personne.

Une bonne définition de l'homme doit avoir pour base l'unité de la personne humaine. L'homme étant un être corporel vivant, informé, vivifié par une âme, l'animalité est le genre auquel il appartient. Mais l'âme humaine intellective et raisonnable diffère de l'âme sensitive et non raisonnable. C'est elle qui distingue l'homme de l'animal. La véritable définition de l'homme est donc : L'homme est un animal raisonnable.

(1) Dans l'Université on entend par personnalité le principe de la dignité humaine, de la responsabilité, l'empire que l'homme exerce sur ses facultés et on attribue la personnalité à l'âme seule. Mais il est vrai de dire que l'âme seule ne constitue pas l'homme. « L'homme, dit Pascal, n'est ni ange, ni bête. »

Art. III. — Rapports du physique et du moral.

Un grand nombre de faits attestent l'influence du physique sur le moral et l'influence du moral sur le physique.

I. Nos facultés sont toutes plus ou moins liées à des conditions organiques. L'âge, le tempérament, la maladie, etc., ont une grande influence sur l'âme. Les idées, les sentiments du jeune homme et du vieillard diffèrent. L'homme sanguin est souvent emporté ; le lymphatique est doux ; l'énergie patiente est l'apanage du tempérament bilieux, etc. La maladie abat l'âme en même temps que le corps, elle paralyse la volonté.

Il y a des relations intimes entre l'état du cerveau et la pensée. La mémoire et l'imagination spécialement dépendent de l'état cérébral. La faiblesse du cerveau rend incapable d'une attention soutenue. Le ramollissement des fibres cérébrales produit l'imbécillité et l'idiotisme.

II. Une excessive concentration intellectuelle a pour effet d'annuler les impressions produites sur nos organes par les objets extérieurs. L'empire de la volonté sur le corps est attestée par des faits innombrables. Les affections de l'âme ont souvent leur contrecoup dans le corps. Les passions modifient la circulation des humeurs, surtout du sang, font varier l'intensité, la rapidité des mouvements du cœur. Beaucoup de maladies ont pour causes les passions. L'influence de l'imagination sur l'organisme est très grande. La pensée des aliments provoque la salive, la pensée d'un objet effroyable provoque le frisson. Mozart ayant reçu la visite d'un homme vêtu de noir qui lui demandait un *Requiem* est frappé de ce fait ; dès ce moment il ne fait plus que languir et meurt peu après. Dans les maladies, l'influence de l'imagination est grande : la vigueur morale aide à surmonter les crises. Tous ces faits prouvent à la fois la distinction du corps et de l'âme et leur intime union.

III. Le *Sommeil, les Rêves*. — Dans le sommeil, les fonctions continuent, mais avec moins d'énergie. Il semble plus probable que l'activité intellectuelle n'est pas entièrement suspendue même dans le sommeil le plus profond. Un homme réveillé brusquement à cette question : à quoi pensiez-vous ? répondra : je pensais à telle chose ou : je pensais, mais je ne me rappelle pas à quoi je pensais. Le *Rêve* est la pensée de l'âme pendant le sommeil. La volonté n'exerçant plus son empire sur les facultés, l'imagination se donne carrière par des représentations que l'âme croit réelles, en l'absence de perceptions véritables. Les rêves ont pour objet ordinaire ce qui nous a préoccupés les jours précédents ; mais tous ces souvenirs se prêtent au jeu de l'association et se suivent sans ordre avec des circonstances nouvelles et bizarres.

IV. Le *Somnambulisme* est un sommeil partiel dans lequel certaines fonctions des sens et certaines fonctions de relation ne sont pas suspendues. Sans se réveiller, le somnambule se lève, marche, parle, écrit, tout en restant étranger au monde extérieur pour tout ce qui n'a pas de rapport direct avec l'idée qui le guide. On connaît ses effets étonnants : la sûreté du pied du somnambule, la pénétration de son esprit. On peut expliquer en partie ces résultats par la concentration exclusive des facultés sur un objet. Le somnambulisme provoqué par les passes magnétiques est plus surprenant encore. Quelquefois l'état hypnotique est obtenu en surprenant une personne nerveuse par une vive lumière ou par un son intense.

V. L'*Hallucination* est une sensation sans objet. L'âme, sans être excitée par le monde extérieur, croit percevoir des objets qui n'existent pas. Ceci s'explique physiologiquement par une altération excitatrice des centres nerveux. Au point de vue psychologique, c'est un désordre dans l'Imagination. Le malade ne peut plus corriger par la réflexion ces vaines représentations et finit par croire à leur réalité, c'est un cas de folie.

VI. La *Folie* ou aliénation mentale est une perte totale ou partielle de la Raison. La folie peut provenir de perturbations organiques. L'âme ne possède plus les instruments dont elle a besoin. Elle consiste surtout dans un désordre de l'Imagination privée du contrepoids de la Raison, c'est comme le rêve d'un homme éveillé. Si la folie porte sur un point, c'est la monomanie. La manie est une folie universelle.

Art. V. — Diverses conceptions sur la Vie.

La vie est l'activité intérieure par laquelle un être se meut lui-même.

I. L'*Organicisme* fait dériver la vie de l'organisation, c'est-à-dire d'une certaine structure des organes. La matière organisée possède la vie. Claude Bernard et plusieurs membres de l'Académie de Médecine de Paris enseignent que la contractilité et l'irritabilité des tissus vivants explique tous les phénomènes biologiques (*histologisme*).

II. Le *Vitalisme* (Ecole de Montpellier, Barthez, Lordat, Juffroy) admet une âme pensante et de plus un principe, étranger à la pensée, qui produit et régit les actes de la vie organique, c'est le *principe vital*. Opposée au principe de moindre action, cette doctrine contredit l'affirmation de la conscience qui nous atteste que l'homme est une unité vivante et agissante. L'âme n'agit pas sur le corps comme sur un être qui lui est étranger. Il n'y a pas, dans l'homme deux individus, mais un seul.

III. L'*Animisme* (Aristote, St-Thomas) enseigne que l'âme est le principe vital. La vie organique et la vie spirituelle émanent d'un même principe. L'âme humaine est douée d'une faculté, qu'on pourrait appeler la faculté vitale, distincte des facultés de vouloir, de connaître et de sentir. Tous les faits qui établissent l'influence du physique sur le moral ne peuvent s'expliquer que dans la théorie animiste. Cette dépendance réciproque s'explique très bien si l'âme pensante est aussi le principe de la vie organique. L'animisme est la seule doctrine que nous puissions admettre.

Art. VI. — Immortalité de l'âme.

Substance distincte de la matière, l'âme est soumise à une épreuve pendant son union avec le corps. La mort la met en possession de sa destinée heureuse ou malheureuse, conséquence de ses mérites ou de ses démérites en cette vie.

L'âme survit-elle au corps ?

L'âme est distincte du corps, comme nous l'avons démontré ; donc, le corps se dissolvant, l'âme peut subsister. L'âme étant spirituelle ne peut être détruite comme le corps par la dissolution des parties.

« La mort ne détruit pas ce qui n'est pas matière. »

Mais si l'âme ne périt pas par dissolution, Dieu peut l'anéantir. Dieu l'anéantira-t-il ? Il n'y a pas, dit Fénelon, le moindre atome qui périsse. Or, si la science montre qu'il n'arrive jamais dans l'univers l'anéantissement du plus vil et du plus imperceptible atome, comment admettre l'anéantissement de cette substance très noble? L'âme sera-t-elle anéantie plus que l'atôme?

Plusieurs autres raisons montrent que la vie future est *très probable*.

1° L'homme cherche à se survivre autant qu'il le peut.

Ce qui montre, dit Cicéron, que le sentiment de l'immortalité nous vient de la nature, c'est l'ardeur avec laquelle l'homme travaille pour un avenir qui ne sera qu'après sa mort. »

2° L'homme connaît des vérités éternelles : « l'âme, dit Bosssuet, étant née conforme à des choses qui ne changent pas a en elle un principe de vie immortelle. »

3° Toutes les tendances de notre nature protestent contre cette doctrine qui enseigne que la destinée de l'homme s'accomplit ici-bas.

4° La croyance à la vie future est la source de tous les héroïsmes. La partie la plus noble de l'humanité a accompli des prodiges de vertu dans l'espoir des biens futurs. L'erreur et l'illusion produiraient donc ce qu'il y a de plus beau sur la terre? Tant de vertus inspirées par l'immortalité iraient se perdre dans le néant!

> O vertu! ton aspect est plus fort que la tombe.

La *certitude* d'une vie future est appuyée sur la justice de Dieu. Puisque Dieu est juste, il y a une vie future dans laquelle la vertu et le vice doivent recevoir la récompense et le châtiment qu'ils ne reçoivent pas en cette vie. « Si l'âme est immatérielle, dit Rousseau, elle peut survivre au corps; et si elle lui survit, la Providence est justifiée. » L'existence de la vie future est donc aussi certaine que la loi morale gravée dans nos âmes, aussi certaine que la justice de Dieu.

Cette dernière preuve suppose une immortalité personnelle et consciente.

La vie future aura-t-elle un terme?

La Raison ne peut démontrer rigoureusement la durée sans fin de la vie future. La justice n'exige qu'une récompense et un châtiment proportionnés aux mérites ou aux démérites; mais rien ne prouve que l'éternité soit nécessaire pour cette proportion. Cependant nous pouvons dire avec Cicéron que le bonheur ne se comprend qu'à la condition de durer toujours. Il perdrait tout son prix s'il était accompagné de la simple crainte de le voir finir. On trouve une autre preuve d'une vie sans fin dans les opérations de l'âme humaine vers l'infini.

> Borné dans sa nature, infini dans ses vœux,
> L'Homme est un Dieu tombé qui se souvient des Cieux.

Les châtiments éternels ne sont pas plus que les récompenses sans fin en opposition avec la raison. Cette croyance se trouve chez tous les peuples. L'épreuve étant finie, il n'y a pas lieu de croire que les méchants puissent se repentir. Un autre ordre de Providence suffirait-il à triompher dans la mesure voulue des passions humaines ? La Révélation peut seule nous donner une connaissance précise de cette vie future.

Eléments de psychologie comparée.

Ce titre semblerait exiger l'étude comparative de l'homme dans ses différents états de civilisation, dans ses différents états de santé et de maladie etc. Nous avons déjà traité une partie de ces questions. Disons un mot de l'état sauvage, puis nous étudierons les facultés de l'homme dans l'animal. Nous devons protester contre la doctrine qui enseigne que l'état sauvage est l'état primitif de l'homme. Comme l'a dit de Maistre, les sauvages sont des peuples dégénérés et dégradés. L'histoire et la Fable nous montrent à l'origine le bonheur et la science, l'âge d'or. On ne voit dans le sauvage ni prévoyance, ni perfectibilité. Cet être frappé dans les dernières profondeurs de son essence morale n'est pas l'homme primitif.

L'homme et l'animal.

Les animaux ne sont pas, comme l'a dit Descartes, des machines habilement construites. Cette doctrine est contraire au sens commun. Les animaux voient, ils entendent, ils ont les organes nécessaires à la vie sensitive, et même plusieurs l'emportent sur nous par la perfection de leur sens, par la rapidité de leurs mouvements.

I. *Sensibilité.* — Les animaux éprouvent du plaisir et de la douleur. Ils n'ont pas seulement des appétits, mais des passions et des affections : ils sont jaloux, ils craignent, ils s'irritent, gardent rancune, ils se montrent reconnaissants, ils aiment leurs petits. On peut les conduire et les dresser par l'attrait des satisfactions sensibles, par la crainte des coups.

L'animal ne possède pas les sentiments supérieurs, les jouissances intellectuelles, les plaisirs et les peines de la conscience. On a voulu attribuer à l'animal le sentiment de la justice et du beau ; car il est reconnaissant et les mauvais traitements le révoltent. La musique le charme. On remarque en lui de l'amitié, de la fidélité, etc. Mais tout cela a sa raison suprême dans le plaisir sensible ; il faut en bannir tout élément rationnel.

II. *Intelligence.* — L'animal perçoit, se souvient, imagine. Mais les perceptions des animaux sont toujours particulières et concrètes. L'animal ne sait ni abstraire, ni généraliser, ni juger, ni raisonner. Ses connaissances ne vont pas au-delà des choses sensibles. Elles ne sont pas des idées. Dans l'ordre sensitif, il peut saisir certains rapports des choses, connaître ce que les personnes ou les choses peuvent offrir d'utile ou de pernicieux. Un chien reconnaît son maître, une brebis reconnaît le loup. C'est une sorte de jugement qui se rapporte seulement aux choses matérielles. Si les animaux possédaient la raison, ils sauraient distinguer le vrai du faux, acquérir la science, faire des inventions. Le progrès dans les animaux est uniquement le fait de l'homme. Le chien savant n'enseigne pas à ses petits ce qu'il a appris.

L'animal a de la mémoire, mais il n'a pas l'idée du temps. Il a de l'imagination, il rêve ; mais il n'a pas l'imagination créatrice, qui suppose la raison.

Leibnitz dit qu'il y a dans les animaux une espèce de consécution ou d'enchaînement de perceptions qui imite la raison. Quand on montre le bâton aux chiens, ils se souviennent de la douleur qu'il leur a causée et crient et fuient.

L'animal ne sait ni abstraire, ni généraliser. Quelquefois il semble comparer. Il regarde et voit plusieurs objets ; il saisit vaguement quelques rapports extérieurs, mais de ces objets multiples il ne sait pas former une notion générale. « La faculté d'avoir des idées générales, dit Muller, établit une parfaite distinction entre l'homme et la brute. » A plus forte raison l'animal ne peut pas coordonner, combiner des idées. L'instinct, qui ici remplace la raison, peut faire illusion : il sert de guide à l'animal et lui fait accomplir des actes dans lesquels il entre beaucoup de *raison*. « L'instinct, dit Bossuet, c'est la sagesse de Dieu en eux. » Les animaux exécutent des choses où semble entrer du calcul, de la combinaison, une rare sagacité ; mais ils ne sont intelligents que pour un ordre particulier de faits, mais non pour tous les cas même les plus semblables. « Le raisonnement, a dit Montaigne, est un outil à tous les sujets. »

III. L'animal possède la spontanéité dans ses actes, dans ses mouvements. Il se meut selon ses attraits et ses répugnances. L'araignée choisit le moment opportun pour se jeter sur sa proie. Mais cette spontanéité n'est pas la volonté libre, puisque l'animal est dépourvu de raison.

Les animaux ont-ils une âme ? les faits de sensibilité, d'intelligence et d'activité montrent dans les animaux un principe immatériel, une force douée de vie et de sensibilité, dont les organes sont les instruments. On l'appellera, si l'on veut, une âme, pourvu qu'on n'oublie pas l'immense intervalle qui la sépare de l'âme humaine. Elle est simple et active, mais elle n'est pas spirituelle et immortelle. Elle est privée d'un grand nombre de nos facultés, elle dépend du corps dans toutes ses opérations, et dès lors doit suivre les destinées du corps. Seuls, nous avons en partage la liberté, la raison et par conséquent un gage d'immortalité. La preuve morale de cette immortalité est sans application à l'animal qui ne peut ni mériter ni démériter.

Des Signes et du Langage.

Le *Signe* est une chose sensible qui nous en fait connaître une autre.

Le *Langage* est un ensemble de signes par lesquels les hommes se communiquent leurs pensées, leurs sentiments et leurs déterminations. On distingue le langage naturel et le langage artificiel. Le langage naturel consiste dans des signes qui sont employés instinctivement et universellement compris, par exemple, les gestes, les mouvements de la physionomie, les poses, l'attitude du corps. Ce langage insuffisant pour exprimer les phénomènes de l'intelligence exprime bien les faits sensibles, les affections de l'âme. Souvent un geste, un regard, un mouvement de tête en disent plus que tout un discours. Il faut remarquer que ce langage peut être perfectionné par l'étude. Roscius pouvait reproduire par l'action un discours de Cicéron.

Le langage artificiel est un ensemble de signes arbitraires que l'homme emploie pour exprimer les phénomènes de sa vie spirituelle. Pour parler ou comprendre ce langage, il faut l'avoir appris. Ce langage est variable et mobile ; il subit même dans chaque peuple des variations successives. Le langage artificiel est parlé ou écrit. La parole distingue l'homme de l'animal ; l'écriture distingue l'homme civilisé du sauvage.

La *parole* est un ensemble de sons articulés que l'homme emploie pour exprimer sa pensée. Un système de sons articulés, soumis à des règles, ayant une Grammaire et le plus souvent une littérature, est une langue. Soumis à des règles moins précises, en usage sur un territoire restreint, c'est un dialecte.

L'*écriture* est un système de signes propres à représenter la pensée d'une manière permanente.

L'écriture *idéographique* exprime directement les idées.

Le signe qui exprime l'idée peut être un dessin de l'objet, un emblème ou symbole ayant de l'analogie avec l'objet, un glaive exprimera la guerre, enfin il peut être conventionnel et arbitraire. L'écriture hiéroglyphique renferme ces 3 sortes de signes. L'écriture *phonétique* exprime directement les sons. L'écriture phonétique peut être *syllabique*, lorsqu'elle exprime les syllabes par un signe particulier, comme la plupart des systèmes de sténographie, ou alphabétique, lorsqu'elle exprime par des caractères les sons élémentaires et les différentes articulations.

Le Langage et la Pensée.

Le langage est l'expression de la pensée ; il est à la pensée ce que le corps est à l'âme. De Bonald a prétendu que la pensée ne pouvait exister sans la parole : « penser, c'est se parler à soi-même d'une parole intérieure... il faut penser sa parole avant de parler sa pensée. » Cette doctrine est exagérée. L'homme peut penser absolument sans le secours de la parole; car les idées sont nécessairement antérieures à leur expression, le signe présuppose la chose signifiée. Si nous n'avions pas la faculté de concevoir les idées exprimées par les mots, il nous serait impossible de donner un sens à ces mots. Prononcez les mots lumière et couleur devant un aveugle-né, vous ne lui donnerez pas l'idée exprimée par ces mots. Mais si la pensée sans la parole se conçoit, il est vrai que la parole est d'un merveilleux secours pour penser.

1° Le langage est nécessaire à l'intelligence pour atteindre tout son développement. Le mot n'exprime pas seulement la pensée, il sert à la former, il la précise. Tant que nos pensées n'ont pas pris corps dans un mot, elles restent vagues et confuses dans notre esprit. Pour considérer attentivement une idée, nous avons besoin d'avoir présent à l'esprit le terme qui exprime cette idée.

2° Le langage est un instrument d'analyse. Chaque mot n'exprimant qu'une idée, nous sommes forcés, quand nous parlons, d'analyser nos pensées pour les communiquer aux autres ; et quand les autres nous parlent, de suivre pour ainsi dire les analyses toutes faites qu'ils nous présentent.

3° Le langage est indispensable pour la formation des idées abstraites ou générales. Si nous n'avions les mots, il nous serait bien difficile de conserver les résultats fournis par l'analyse. Avec le secours des mots, nous conservons facilement dans un état de séparation telle propriété ou opération que l'abstraction nous a permis d'étudier à part. Qui pourrait distinguer, sans le

secours des mots, toutes nos opérations intellectuelles ? Il faut
en dire autant des idées générales. Sans les mots, l'opération
serait toujours à recommencer. On peut dire que sans le langage l'homme est capable de penser, non de réfléchir. Condillac
a dit que toute science se réduit à une langue bien faite. L'u-
nique règle pour découvrir la nature et les propriétés des choses
serait de les bien nommer. Mais il est évident que pour les
nommer avec *propriété* il faut connaître leur nature et leurs
qualités. Nous pensons à l'aide des mots, mais nous pensons
aux choses désignées par les mots. La connaissance des choses
a donc précédé la découverte des mots qui les expriment. Une
langue bien faite est l'expression d'une science bien ordonnée,
elle suppose des idées justes, précises et méthodiques. Condillac
a pris l'effet pour la cause.

L'unité de la pensée ne rend-elle pas possible une langue
universelle ? En se réglant sur les lois universelles de la pensée
révélées par la psychologie et la grammaire générale, on pourrait former une langue simple, logique, analogue à force de
précision à l'Algèbre. C'est rigoureusement possible, et l'idée
d'une caractéristique universelle « miroir exact de la pensée »
honore Leibnitz. De fait, le latin a été longtemps la langue
universelle de la philosophie.

Origine du langage. — La question de fait relève de l'histoire. Les traditions des peuples supposent à l'origine l'âge
d'or pendant lequel la Divinité conversait avec les hommes.
L'histoire nous montre l'homme vivant en société, et la société
suppose le langage.

L'homme aurait-il pu inventer le langage ? Rien n'empêche
d'admettre contre Rousseau et Bonald que l'homme aurait pu
s'élever lentement du langage instinctif au langage artificiel.

On compte aujourd'hui plus de 2000 langues. Entre ces
idiomes si divers, il y a des ressemblances profondes, qui font
supposer une langue primitive, mère de toutes les autres. « Pas
une seule racine n'a été ajoutée au langage, dit Max Muller,
nous avons dans les langues actuelles la substance du langage
primitif. »

Une langue n'est pas l'œuvre d'un homme ni d'un siècle.
La langue française, par exemple, a été le résultat du travail
intellectuel d'un grand nombre de générations. Elle s'est for-
mée par l'altération naturelle et quotidienne du latin mêlé au
germain et est arrivée à son apogée au 17ᵉ siècle. Une langue
est comme un organisme vivant qui se modifie sans cesse : elle
est l'expression de la pensée d'un peuple, l'image exacte de
son intelligence et de sa civilisation.

La *Grammaire générale* est la science des règles du langage communes à toutes les langues. On peut déduire des lois de la pensée ces règles générales que le Philologue obtient par l'étude comparée des divers idiomes.

L'intelligence conçoit des idées ou affirme des rapports entre des idées conçues. Il y a donc dans toute langue des mots, expression des idées, et des propositions, expression des jugements.

Parmi les. 9 ou 10 classes de mots, il y en a 3 essentiels. Toutes nos idées ont pour objet des êtres, des manières d'être et leurs rapports. De là le *nom*, qui exprime l'être, l'*adjectif*, qui exprime la manière d'être et le *verbe*, qui exprime leur rapport. Sans le verbe les éléments de la pensée resteraient isolés et sans vie. La *préposition* indique le rapport entre deux termes, et la *conjonction* unit les propositions entre elles. Les autres classes de mots ne sont pas indispensables.

Les mots sont formés 1° par onomatopée; 2° par analogie, lorsqu'on exprime des phénomènes spirituels par des mots qui expriment des phénomènes physiques analogues : Délibérer, de *libera*, *balance*; 3° par synthèse, lorsqu'on modifie un mot racine : *adsum*, *absum*, etc. La proposition est l'expression du jugement. Elle a 3 termes qui ne sont pas toujours exprimés par 3 mots, mais par 2 ou par un seul. L'ordre logique place le sujet d'abord, le verbe ensuite, enfin l'attribut. Mais cet ordre n'est pas toujours observé.

Langues analytiques et *langues synthétiques*. — Les langues analytiques aiment à exprimer les diverses idées par des mots isolés et à ranger ces mots dans l'ordre logique. Les langues synthétiques expriment souvent en un seul mot plusieurs idées et aiment les inversions.

Une langue parfaite serait 1° *riche*, sans mots inutiles, un mot pour chaque idée; 2° *précise*, chaque mot ayant sa signification déterminée; 3° *claire*, se prêtant à un ordre et à un arrangement des mots qui évite l'ambiguité; 4° *analogue*, toute modification dans les mots exprimant une modification semblable dans les idées. Cela existe dans juste, injuste, mais non dans fendre et défendre.

Aucune langue ne possède toutes ces qualités. En général, les langues anciennes sont synthétiques, plus poétiques que les langues modernes. Celles-ci sont analytiques et plus claires. La langue française moins riche et moins poétique que le grec et le latin est beaucoup plus claire grâce surtout au rejet de l'inversion. Elle doit une partie de sa justesse et de sa clarté aux esprits éminents qui lui ont donné sa forme dernière.

LA LOGIQUE

La Logique a pour but de diriger l'esprit humain dans la recherche et la démonstration de la vérité.

On peut la définir : la science des lois de la pensée et l'art d'appliquer ces lois à la recherche et à la démonstration de la vérité. La Logique nous apprend à penser, à juger et à raisonner. Elle donne des règles pour discerner la vérité, combattre l'erreur et en découvrir les artifices. S'ajoutant à la rectitude naturelle de l'intelligence, l'art du raisonnement donne à l'esprit plus de souplesse, plus de pénétration. La Logique rend nos idées plus nettes, nos raisonnements plus serrés, nos définitions plus exactes.

CHAPITRE Ier.

LOGIQUE PURE

Pour étudier les lois de la pensée, nous devons traiter des 3 opérations de l'esprit : concevoir, juger et raisonner. De là, trois articles indiqués par le Programme.

Art. Ier. — Des Idées et des Termes.

Entendre les termes dont une proposition est composée, c'est ce qui s'appelle conception. C'est la 1re opération de l'esprit. Le mot qui exprime le concept ou idée s'appelle terme. Il y a donc autant de termes qu'il y a de sortes d'idées. Aristote a divisé les idées en 10 catégories ou classes que l'on appelle encore prédicaments : La substance, la quantité, la relation, la qualité, l'action, la passion, le lieu, le temps, la situation, la possession.

Arbor sex servos fervore refrigerat ustos :
Ruri cras stabo sed tunicatus ero.

Les idées générales existent-elles ou ne sont-elles que des mots? L'humanité a-t-elle une réalité en dehors des individus ou n'existe-t-elle que par eux? La 1re opinion fut celle de Platon, la 2e, celle d'Aristote. Au moyen-âge, Roscelin et les nominalistes enseignèrent que les individus ont seuls une existence réelle et les idées générales ne sont que des mots (*flatus vocis*). Guillaume de Champeaux et les Réalistes soutinrent que les individus n'ont d'existence que par leur participation aux idées générales. *Universalia sunt ante rem, non post rem*. Abélard (Conceptualisme) enseigne que les idées générales ont une existence idéale dans l'esprit qui les conçoit. Il faut ajouter qu'à ces conceptions de l'esprit répondent des ressemblances stables, des caractères communs que nous offrent les individus.

Remarquons avec Bossuet que tout est individuel et particulier dans la nature. Il n'y a pas de triangle en général, d'homme en général, mais tel triangle, tel homme. L'idée générale est donc l'ouvrage de l'esprit qui considère en quoi les êtres conviennent. La nature fournit un fondement à l'idée générale en tant qu'elle fournit des choses semblables, mais elle fait toutes les choses individuelles et ne donne pas aux choses la généralité. *Universale inchoatur a natura et perficitur ab intellectu*.

Le terme étant l'expression de l'idée, on distingue autant de termes qu'il y a de sortes d'idées. On distingue dans les termes, comme dans les idées, l'extension et la compréhension. L'extension se rapporte aux individus, la compréhension se rapporte aux propriétés de la chose signifiée.

Les degrés de compréhension permettent d'établir un ordre entre les termes généraux et les idées générales.

Les scolastiques distinguaient les termes qui expriment le genre, l'espèce, la différence, le propre et l'accident : ils les appelaient les termes de Porphyre ou les cinq universaux.

Le *genre* renferme les propriétés communes à plusieurs espèces. Animal est un genre par rapport à l'homme, au lion, etc.

L'*espèce* renferme les propriétés caractéristiques qui divisent le genre en plusieurs parties. L'homme, le lion sont deux espèces du genre animal.

La *différence* exprime la propriété qui distingue une espèce d'une autre. La raison sépare l'homme de la brute : c'est la différence spécifique.

Le *propre* exprime une propriété qui découle de la nature d'une espèce d'être. La parole est le propre de l'homme.

L'*accident* exprime une propriété accessoire : la prudence dans l'homme. Dans l'homme, animal exprime le genre, animal raisonnable exprime l'espèce, raisonnable exprime la différence spécifique, moral, le propre, prudent, l'accident.

Art. II. — Du Jugement et de la Proposition.

Juger, c'est affirmer qu'une chose a ou n'a pas telle qualité. La proposition est l'expression du jugement.

On peut distinguer les jugements : 1° selon la *quantité*, en *universels, particuliers* et *singuliers.*

2° Selon la *qualité*, en *affirmatifs* et *négatifs* et *limitatifs.*

3° Selon la relation de l'attribut au sujet, en *catégoriques, hypothétiques* et *disjonctifs.*

4° Sous le rapport de la modalité ou la manière dont on conçoit l'existence de l'objet, en *problématiques, assertoriques, apodictiques*, suivant que la chose est possible, réelle, ou nécessaire.

Au point de vue logique, il peut être plus facile d'étudier la proposition que d'étudier l'acte mental.

Les propositions se divisent selon leur quantité et selon leur qualité. On appelle quantité l'universalité ou la particularité. On appelle qualité l'affirmation ou la négation. Nous avons ainsi 4 espèces de propositions. A, universelle affirmative ; E, universelle négative ; I, particulière affirmative ; O, particulière négative.

L'*Opposition* des propositions est le rapport qu'elles ont entre elles, au point de vue de la vérité ou de la fausseté, suivant qu'elles diffèrent en quantité ou en qualité.

2 propositions peuvent être semblables en quantité et différer en qualité. Dans ce cas, si elles sont universelles, elles sont dites *contraires* : Tout homme est juste, nul homme n'est juste. Si elles sont particulières, elles sont *sub-contraires* : Quelque homme est juste, quelque homme n'est pas juste.

2 propositions opposées en quantité et en qualité sont dites *contradictoires.*

2 propositions convenant en qualité et différant en qualité sont dites *subalternes.*

1° Deux contradictoires ne peuvent jamais être vraies ou fausses à la fois.

2° Deux propositions contraires ne peuvent être vraies à la fois, elles peuvent être fausses toutes les deux.

3° Deux subcontraires peuvent être à la fois véritables, elles ne peuvent être fausses toutes les deux.

4° Quant aux subalternes, si l'universelle est vraie, la particulière est vraie.

La *conversion* des *propositions* est la transposition qu'on fait dans leurs termes, la proposition restant véritable.

Dans la conversion, on ne doit jamais donner à un terme dans la nouvelle combinaison une quantité plus grande qu'il n'avait dans la première.

La conversion est simple, lorsque rien n'est changé à la quantité et à la qualité de la proposition. La conversion est accidentelle quand la quantité est changée.

1° Les universelles négatives se convertissent simplement ;

2° Les particulières affirmatives se convertissent simplement;

3° Les universelles affirmatives se convertissent en particulières affirmatives ;

4° Les particulières négatives ne peuvent se convertir.

Art. III. — Déduction et Syllogisme.

La *Déduction* est une opération qui consiste à déterminer une vérité en la tirant d'un principe général antérieurement connu. La Déduction prend, pour arriver à sa conclusion, un intermédiaire, et de la convenance de cet intermédiaire avec l'objet d'un côté et la qualité à découvrir de l'autre, elle conclut le même rapport de convenance entre l'objet et la qualité.

La forme la plus simple et la plus rigoureuse du raisonnement déductif, c'est le Syllogisme.

Le *Syllogisme* est un raisonnement composé de 3 propositions tellement enchaînées que la 3ᵉ découle nécessairement des deux premières.

La vertu est louable ; or la piété est une vertu ; donc la piété est louable.

Il entre toujours dans le Syllogisme trois termes. Le *grand terme* est l'attribut de la conclusion ; le *petit terme* est le sujet de la conclusion ; l'autre terme est appelé *terme moyen*.

Le Syllogisme consiste à unir dans la conclusion deux termes qui ont été unis d'abord dans les deux autres propositions chacun avec un même 3ᵉ. Si ces deux termes conviennent au troisième, ils se conviennent entre eux. Si des deux termes l'un convient et l'autre ne convient pas au 3ᵉ, ils ne se conviennent pas entre eux.

La 1ʳᵉ proposition compare le grand terme et le terme moyen et s'appelle *majeure*. La 2ᵉ proposition compare le petit terme et le terme moyen et s'appelle *mineure*. La 3ᵉ unit les 2 extrèmes et s'appelle conclusion. Les 2 premières propositions s'appellent *prémisses*.

Chacun des termes est pris 2 fois sans plus. Les 2 extrèmes, chacun une fois dans la conclusion et une fois dans les prémisses. Le moyen terme entre 2 fois dans les prémisses et n'entre pas dans la conclusion.

Règles du Syllogisme.

1. Terminus esto triplex, medius, majorque, minorque.
2. Latius hunc quam promissæ conclusio non vult.
3. Nequaquam medium capiat conclusio fas est.
4. Aut semel aut iterum, medius generaliter esto.
5. Utraque si promissa neget, nil inde sequetur.
6. Ambæ affirmantes nequeunt generare negantem.
7. Pejorem sequitur semper conclusio partem.
8. Nil sequitur gemiuis ex particularibus unquam.

Une figure du syllogisme dépend de l'emploi du terme moyen comme sujet ou comme attribut dans les prémisses. Il peut être 2 fois sujet (1re figure) ; 2 fois attribut (2e figure) ; une fois sujet et une fois attribut (3e et 4e figures). On appelle modes du syllogisme les différentes manières de combiner les propositions qu'il renferme d'après leur quantité et leur qualité. Or, les 4 lettres A, E, I, O peuvent se combiner 3 à 3 de 64 manières. Il y a donc 64 modes de syllogisme dans chaque figure, et dans les 4 figures 256 variétés de syllogisme. Mais il n'y en a que 19 qui soient réguliers.

Dans la plupart des syllogismes défectueux, chacun des trois termes n'est pas toujours employé dans le même sens, de sorte qu'au fond il y a plus de trois termes. Il y a différentes formes d'arguments qui peuvent toutes se ramener à un ou plusieurs syllogismes.

L'*Enthymème* est un syllogisme abrégé dans lequel une des prémisses est sous-entendue. Dieu est bon, donc il est aimable.

L'*Epichérème* est un syllogisme dont les prémisses sont accompagnées de leurs preuves : la 1re partie de la Milonienne.

Le *Prosyllogisme* est un argument composé de 5 propositions et de deux syllogismes, la conclusion du 1er devenant la majeure du 2e.

Le *Sorite* est une série de propositions liées entre elles de telle sorte que l'attribut de la 1re devient le sujet de la 2e jusqu'à ce que le sujet de la première soit uni à l'attribut de la dernière.

Le *Dilemne* est un argument dans lequel on divise une question en deux points de vue opposés et sans milieu et d'où l'on tire la même conclusion.

L'*Induction des Anciens* est un argument qui conclut du tout ce qui est prononcé sur chacune des parties. L'homme n'est heureux ni dans l'enfance, ni dans la jeunesse, ni dans l'âge mûr, ni dans la vieillesse ; donc l'homme n'est jamais heureux. L'induction aristotélique diffère de l'induction platonicienne, qui est le passage du fini à l'infini, et de l'induction baconienne, qui est un raisonnement qui va du particulier au général.

Utilité et abus du syllogisme. — En grand honneur au moyen-âge, le syllogisme fut attaqué par Bacon, Descartes et Port-Royal. « Le syllogisme, dit Bacon, est un instrument inutile à l'acquisition de la science. » « Bon pour démontrer aux autres ce que l'on sait, dit Descartes, il est inutile pour découvrir ce que l'on ignore. » Descartes oublie que faire sortir d'un principe les conséquences qu'il renferme, c'est découvrir des vérités. Le syllogisme n'est pas le raisonnement, il en est la forme. Rien ne remplace la logique naturelle. On peut mal raisonner en entassant syllogismes sur syllogismes et on peut bien raisonner sans avoir étudié les règles du syllogisme. Mais le syllogisme n'en a pas moins son importance. Il est la forme simple, complète du raisonnement déductif. Il met de l'ordre, de la clarté dans les pensées, il en montre l'enchaînement. Il renverse les sophismes. C'est une sorte de dissection intellectuelle, qui met à nu les raisonnements captieux et en les découvrant les détruit. « Ce n'est pas Barbara et Baralipton qui forment le jugement, a dit Pascal. » Cependant cette gymnastique de l'esprit peut donner de la souplesse à l'intelligence. Mais il faut éviter les discussions stériles.

CHAPITRE II.

LOGIQUE APPLIQUÉE.

La Méthode est l'ensemble des moyens à employer pour découvrir la vérité quand on l'ignore, ou la démontrer quand on la possède. C'est la route que suit l'esprit humain dans la recherche de la vérité. La méthode est pour l'intelligence un flambeau qui l'éclaire : marcher au hasard est le moyen de ne pas arriver. Tous les grands philosophes ont été pénétrés de l'importance de la méthode.

6

La Méthode a deux procédés fondamentaux, l'*analyse* et la *synthèse*.

L'*analyse* consiste à séparer, à décomposer une chose pour la mieux connaître : décomposer l'eau en ses éléments, c'est en faire l'analyse. La *synthèse* est l'opposé de l'analyse : elle consiste à rassembler les divers éléments que l'analyse a séparés : le chimiste réunissant les éléments d'un corps le reconstitue. L'*analyse* va du composé au simple ; la *synthèse* va du simple au composé. L'esprit humain ne peut rien connaître que par l'analyse et par la synthèse : L'analyse nous fait voir les détails ; la synthèse rapproche tous les éléments et les ramène à l'unité, fait connaître l'ensemble. — Sans l'analyse, nous n'aurions que des idées vagues ; mais l'analyse sans synthèse ne nous donnerait que des idées décousues. L'analyse fournit les éléments de la science, la synthèse est la science même.

Lorsque dans l'étude de la vérité l'esprit commence par analyser, la *méthode* s'appelle *analytique* ou *inductive*. Lorsque l'esprit commence par poser des principes pour en déduire des conséquences, la *méthode* est dite *synthétique* ou *déductive*.

Pour découvrir la vérité, il faut employer de préférence la *méthode analytique*, qui est appelée méthode d'invention. En procédant par l'analyse des données du problème, on arrive plus sûrement à la solution. On va ainsi des composés aux composants, des mouvements aux forces, des faits aux lois.

Pour démontrer la vérité que l'on connaît, on emploie la *méthode synthétique*, qui est la méthode d'enseignement et de démonstration. Un principe général étant connu, il est naturel de *descendre* jusqu'à la question posée. Dans la question de l'Immortalité de l'âme, je puis procéder par synthèse : je pars d'un principe certain, Dieu est juste : Il doit donc punir ou récompenser les actes bons et mauvais. Cela ne se fait pas en cette vie d'une manière suffisante : donc il y a une autre vie où Dieu rendra à chacun selon ses œuvres. On peut employer le procédé analytique : Examinant les propriétés de l'âme et du corps, je constate qu'elles sont différentes. Cette analyse me permettra d'affirmer que la dissolution du corps n'entraîne pas la dissolution de l'âme.

Règles générales de la Méthode. — 1° Ne recevoir aucune chose pour vraie qu'on ne la reconnaisse évidemment être telle ; 2° Diviser chacune des difficultés en autant de parcelles qu'il se peut et qu'il est requis pour les mieux résoudre ; 3° Conduire par ordre ses pensées en allant du simple au composé, supposant même de l'ordre là où il n'y en a pas ; 4° Faire des dénombrements entiers et ne rien omettre ; 5° Ne jamais abandonner des vérités une fois connues, quelque difficulté qu'on ait à les concilier avec d'autres.

Art. I. — Logique inductive.

Les sciences physiques et naturelles ont pour objet de connaître les phénomènes de la nature et de rechercher les lois qui les régissent. La méthode inductive, expérimentale, convient seule à ces sciences. « Interprète de la nature, dit Bacon, l'homme ne peut la connaître qu'autant qu'il l'a observée. » Il faut observer patiemment les faits tels qu'ils s'offrent à nous, et, lorsque cela est possible, il faut les reproduire par des procédés artificiels, pour les mieux observer. En possession de faits nombreux et exacts, nous pouvons par l'induction arriver aux lois qui les régissent. Lorsque l'induction n'est pas possible, l'analogie ou l'hypothèse la prépare. L'*analogie*, induction imparfaite, affirme la loi avec probabilité ; l'*hypothèse*, induction anticipée, la conjecture.

I. — L'*Observation* est l'art d'obtenir des faits exacts au moyen d'une investigation rigoureuse. Elle se fait au moyen des organes des sens aidés, quand il en est besoin, de certains instruments, qui en augmentent la portée. L'observateur doit connaître ses instruments, les vérifier, les corriger. Pour connaître la nature, il faut l'interroger par une observation patiente. L'observateur, dit Bacon, doit écouter la nature et écrire sous sa dictée. L'observation doit être détaillée, complète, comparée, méthodique. L'esprit d'observation renferme la patience et l'attention, la pénétration ou le coup d'œil, l'exactitude et l'impartialité.

II. — L'*Expérimentation* est une observation provoquée. On reproduit artificiellement un phénomène dans le temps et dans les circonstances les plus favorables pour l'étudier. L'observateur est semblable à un homme qui lit ; l'expérimentateur, a un homme qui interroge : il met, dit Bacon, la nature à la torture pour lui arracher ses secrets. Soumise aux mêmes lois que l'observation, l'expérimentation en a de particulières qui peuvent être exprimées par ces mots : varier l'expérience, l'étendre, la renverser.

III. — L'*Induction* est le travail de l'esprit dégageant de faits particuliers ce qu'ils ont de général, c'est-à-dire la loi de ces faits. Ayant observé dans plusieurs circonstances que l'eau se congèle à 0°, qu'elle entre en ébullition à 100°, j'en conclus par induction que telle est la loi générale de la congélation et de l'ébullition de l'eau. Cette opération est naturelle à l'homme : nous basons sur elle un grand nombre de nos actions, sans crainte de nous tromper. Pour bien induire, il faut se fonder sur des observations et des expérimentations précises et multiplier les vérifications.

Règles. — 1° Quand on formule une loi, n'y faire entrer que ce qui a été observé ; 2° La marche de l'esprit doit être prudente, et il faut que l'esprit s'attache plutôt du plomb que des ailes ; 3° Il faut chercher la loi dans la liaison constante d'un phénomène avec un autre. Lorsqu'un phénomène en produit un autre par sa présence, qu'il le supprime par son absence, qu'en variant il le fait varier dans des proportions correspondantes, on peut affirmer qu'il est la loi de ce phénomène : Dilatation du fer par la chaleur. Bacon veut que l'on dresse 3 tables : *tabulæ prœsentiæ, tabulæ absentiæ, tabulæ graduum.* Quand on recherche la loi ou la cause d'un fait, il faut noter avec soin les circonstances qui l'accompagnent toujours, celles qui font défaut en même temps que lui, celles enfin qui croissent ou décroissent comme le phénomène ; c'est ce que Stuart Mill appelle la *concordance,* la *différence,* les *variations concomitantes.*

Les résultats obtenus par l'induction ne permettent pas de contester la valeur de ce procédé intellectuel. Mais les philosophes sont loin d'être d'accord quand il s'agit de se rendre compte de la nature du raisonnement inductif. L'induction dépasse absolument les limites de l'expérience aussi exacte, aussi prolongée qu'on le voudra ; car nous nous élevons du particulier au général. Il y a là une disproportion dont l'expérience ne peut pas rendre compte. A l'expérience il faut ajouter un principe rationnel à la lumière duquel la raison découvre l'universalité qu'elle affirme, et c'est ce principe qui donne à l'induction sa force et sa légitimité. Ce principe est celui-ci : *Les lois de la nature sont stables et générales.* On peut donc exprimer l'induction de la manière suivante : Dans la nature tout est soumis à des lois constantes et générales; or, les corps que j'ai observés sont pesants ; donc tous les corps sont pesants. Il faut observer que cette forme déductive est plutôt théorique que pratique. Elle est un moyen de vérification et de contrôle et sert à prouver la légitimité de l'induction.

Dans la réalité, nous concluons directement d'un fait particulier à sa cause et à sa loi. Par une sorte d'intuition, dans l'effet nous voyons la cause. Par un mouvement immédiat, spontané, notre esprit s'élève des faits particuliers à une loi générale. Mais, quelque légitime que soit la confiance que nous devons accorder à l'induction, ce genre de raisonnement ne nous enchaîne pas aussi étroitement que les démonstrations déductives. C'est que la stabilité et la généralité des lois de la nature n'en détruit pas la contingence. La certitude des lois formulées par l'induction repose sur le maintien de l'ordre actuel de choses. L'induction deviendrait infaillible, s'il était possible de déterminer le nombre d'expériences nécessaires. Mais une telle règle ne saurait exister. On ne peut que recommander de fuir la précipitation, de lutter contre la tendance que nous éprouvons à induire, et de ne cesser d'expérimenter que lorsqu'on sent dans son esprit une conviction si parfaite qu'elle ne saurait être augmentée par de nouvelles expériences.

IV. L'*hypothèse* est une induction anticipée, une loi provisoire. L'abus de l'hypothèse dans les temps anciens n'est pas une raison de bannir l'hypothèse de l'étude des sciences. Les grandes découvertes ont été préparées par des hypothèses. Les hypothèses de Képler l'ont mené du cercle à l'ellipse. Le système de Copernic a eu pour base l'hypothèse que la terre tourne autour du soleil. Dans la science, il y a plusieurs théories qui ne reposent que sur des hypothèses.

Conditions. — 1° Elle doit être fondée sur des faits; 2° elle ne doit être contredite par aucun fait; 3° elle doit être simple. Plus une théorie offre de simplicité, plus il est probable qu'elle est vraie. « Cela est sans doute ainsi, car cela serait mieux ainsi, dit Copernic. » 4° Il faut tenir l'hypothèse pour provisoire et la rejeter dès qu'on la trouve contraire à un fait constaté. L'hypothèse est sucitée par 10 faits, elle explique dix autres faits, en fait naître dix nouveaux, puis finit, la plupart du temps, par succomber sous dix derniers faits.

V. L'*analogie* est un raisonnement par lequel nous concluons d'un objet à un autre d'après des ressemblances observées qui nous font conclure à des ressemblances non observées. L'analogie ne produit ordinairement que la probabilité. Mais plus les ressemblances sur lesquelles elle se fonde sont nombreuses, plus elles tiennent à la constitution intime des êtres, et plus la conjecture acquiert de probabilité, tend à se transformer en une véritable induction.

L'analogie s'appuie sur ce principe que la *nature est ré-gie par un petit nombre de lois simples*. Rien de plus digne de la sagesse de Dieu que de produire les effets les plus variés avec les moyens les plus simples.

Règles. 1° L'analogie doit appuyer ses conclusions sur des ressemblances nombreuses et importantes. De rares similitudes, des ressemblances de surface seraient une base insuffisante ; 2° Il faut mesurer la valeur des conclusions sur le nombre et la valeur des ressemblances. L'analogie a évidemment ses dangers. Le sentiment juste de l'analogie distingue le vrai savant.

VI. La *Classification* est une opération par laquelle on range les objets en genres et en espèces, d'après leurs ressemblances ou leurs différences. On groupe les êtres semblables et on les sépare des autres.

La classification *artificielle* est fondée sur des rapports *apparents* ; la classification *naturelle* est fondée sur des caractères *essentiels*, qui appartiennent à la nature intime des êtres.

Les classifications artificielles soulagent la mémoire et facilitent les recherches, préparant ainsi les classifications naturelles. Une classification naturelle montre le plan de la création, nous fait discerner sans peine les individus dans l'immense variété des êtres, nous fait connaître les caractères généraux d'un être par la place qui lui est donnée dans la classification.

Art. II. — Logique déductive.

La *Méthode déductive* part de vérités dont l'existence est admise et en fait sortir par déduction des vérités qui en sont la conséquence rigoureuse : elle fait ainsi découvrir des vérités contenues dans des vérités déjà connues. C'est la méthode des sciences abstraites, des sciences qui sont appelées *exactes* à cause de l'évidence de leurs principes, de la netteté de leur méthode et de la rigueur de leurs résultats.

I. La *définition* est la détermination du sens d'un mot ou de la nature d'une chose.

La définition *de mot* consiste à expliquer le sens qu'on attache à un mot. Il ne faut laisser aucun mot obscur ou équivoque sans le définir et n'employer dans sa définition que des mots clairs. Le sens des mots est arbitraire, mais il convient de se conformer à l'usage.

La définition de la chose doit être : 1° réciproque, 2° claire,

3° courte, 4° convenir à tout et au seul défini, 5° par le genre prochain et la différence spécifique.

Les définitions des sciences exactes, par exemple de la géométrie, sont dites *rationnelles*. Elles expriment des propriétés qui sont reconnues comme nécessaires par tous les esprits raisonnables. Elles expriment des idées abstraites que l'esprit construit lui-même. Ces définitions sont absolues et deviennent des principes, le point de départ de la science. Les définitions *empiriques*, propres aux sciences d'observation, ont pour but de faire connaître la nature des êtres réels que ces sciences étudient. Elles ne sont que des *descriptions* plus ou moins provisoires lorsque la science n'est pas encore parfaite. Dans les sciences déductives, on commence par la définition rationnelle; on finit par la définition empirique dans les sciences d'observation.

II. *Axiomes.* — Un axiome est une vérité évidente par elle-même et nécessaire. L'axiome est indémontrable, il est supérieur à toute démonstration. Il ne faut demander comme axiomes que des choses parfaitement évidentes. Les axiomes sont plutôt les conditions de la démonstration géométrique que de véritables principes. Ce rôle appartient aux définitions, qui fixent la nature des objets.

III. *Déduction et démonstration.* — La Déduction n'est pas bannie de la méthode inductive, mais elle règne dans la méthode déductive et lui impose son nom. La vérité d'une déduction dépend, d'une part, de la vérité du principe, d'autre part, du rapport d'identité entre la conclusion et le principe. Un syllogisme régulier ne suffit pas pour la démonstration : il faut que les prémisses aient une certitude à communiquer à la conclusion qui en est déduite. Les prémisses du syllogisme doivent donc être évidentes, soit immédiatement et par elles-mêmes, soit par démonstration.

Règles. 1° On ne doit pas entreprendre de démontrer les choses parfaitement évidentes ; 2° Il faut prouver les propositions obscures et n'employer à leurs preuves que des axiomes très évidents et des propositions démontrées. La démonstration *directe* consiste à prouver la vérité d'une proposition en faisant voir qu'elle découle d'un axiome ou d'une proposition accordée ou démontrée. La démonstration *indirecte* ou *par l'absurde* consiste à prouver la fausseté de la proposition contradictoire.

On distingue la démonstration *a priori*, quand le principe sur lequel elle repose est logiquement antérieur à la proposition qu'il s'agit de démontrer, c'est la démonstration descendante.

La définition du cercle étant donnée, j'en conclus que le diamètre est le double du rayon. La démonstration est à *posteriori*, lorsqu'elle part d'un principe postérieur à la proposition à démontrer : la preuve de l'existence de Dieu par le spectacle de la création.

Déduction dans les sciences expérimentales. — Le raisonnement étant applicable à toutes les connaissances humaines, la déduction ne peut être bannie des sciences expérimentales. Elle peut servir pour appliquer les vérités obtenues par l'induction et pour les vérifier. Je suis en possession de cette loi : les volumes des gaz sont en raison inverse des pressions qu'ils supportent. Je puis donc conclure de ce que tel corps est un gaz et qu'il est soumis à telle pression qu'il a tel volume. La déduction sert encore à vérifier les lois. Si telle hypothèse est vraie, si telle loi est exacte, je dois obtenir et constater tel résultat. Par exemple, tel gaz soumis à une pression quadruple n'a pas un volume 4 fois moindre ; c'est une preuve que la loi de Mariotte n'est pas parfaitement exacte. Plus d'une fois, un homme de génie a créé une hypothèse que l'expérience n'avait pas encore autorisée. Partant de cette hypothèse, il descendait par la déduction à des conséquences pouvant être vérifiées par l'expérience, et l'hypothèse apparaissait comme vraie. Ce procédé moins sûr, mais plus rapide, a été l'instrument de découvertes importantes. Képler découvre ses lois par une intuition sublime, mais aussitôt il les vérifie par le calcul, et il a pour cela recours à des déductions. Les sciences expérimentales appellent sans cesse le calcul à leur secours et par conséquent usent sans cesse de la déduction. Une méthode qui prétendrait exclure la déduction serait incomplète et insuffisante.

Méthode dans les sciences morales. — La méthode d'observation est la méthode des sciences de la nature. La méthode rationnelle est la méthode des sciences exactes. Les sciences morales (philosophiques, sociales, historiques) doivent suivre une méthode à fois expérimentale et rationnelle. La psychologie est une science fondée sur l'observation des faits internes par la conscience. Ici, c'est le même sujet qui observe et qui est observé, et de plus l'observation atteint en même temps que le fait le sujet qui le produit. Aux observations personnelles s'ajoute l'observation des autres hommes et les observations faites par les autres hommes. L'expérimentation a sa place en psychologie. On peut faire un raisonnement pour étudier le raisonnement. Nous pouvons exercer un sens dans des conditions différentes ; l'esprit peut par le souvenir revenir sur des faits

passés; nous pouvons reproduire plusieurs faits internes. Des
faits constatés on peut remonter aux lois. La part de l'induction
est ici évidente. La part de la déduction n'est pas moindre. N'est-ce
pas en raisonnant que j'arrive à la connaissance des facultés de
l'âme ? N'avons-nous pas raisonné pour prouver le libre arbitre ?
Il y a une partie de la psychologie qu'on appelle rationnelle ;
c'est celle qui étudie la nature, l'origine et la destinée de l'âme
humaine. Ici il faut raisonner sur les opérations et les facultés
de l'âme, mais sans exclure l'observation. Il faut donc unir la
méthode expérimentale à la méthode rationnelle.

La *logique* pure est déductive, mais elle doit faire appel à
l'expérience quand elle passe de la théorie à l'application, et,
dans cette seconde partie, nous étudions les lois des deux méthodes.

De la part de la déduction et de l'expérience dans la Morale, le Droit et la Politique.

La déduction a une place importante dans la *morale* : nous
devrons déduire des principes généraux fournis par la raison
les conséquences relatives à la pratique de la vie, c'est la partie
spéculative et rationnelle de cette science, elle en étudie les
principes. Mais la morale étant une science essentiellement
pratique doit aussi faire une large part à l'observation. La connaissance d'une foule de faits est nécessaire pour l'appréciation
de notre conduite. Cet acte a-t-il été prémédité ? Des circonstances peuvent en modifier la moralité. La liberté elle-même est
une loi constatée par l'observation.

Le *Droit* est la science des lois. La loi est ici un principe,
il faut en déduire les applications. Mais, dans l'application, le
juge doit tenir compte des faits et des circonstances, et les étudier avec soin, s'il veut porter un jugement équitable. De
même, le légiste doit employer les deux méthodes. La loi doit
être en conformité avec le droit naturel, qui a ses principes im-
muables ; mais, d'autre part, la loi doit être utile et pratique,
en rapport avec les mœurs et les besoins du pays : voici donc
encore la déduction et l'expérience.

Dans les *sciences sociales*, il faut joindre toutes les res-
sources de l'observation expérimentale avec la connaissance
des lois morales de la nature humaine. Il serait déraisonnable
de réduire ces sciences à des questions de faits; mais, si on ne
tient aucun compte des réalités, on ne peut résoudre les pro-
blèmes sociaux et publiques. L'utopie a souvent séduit des

âmes généreuses, qui ont rêvé une organisation sociale en dehors de notre nature perfectible, mais imparfaite et défectueuse.
D'autre part, les politiques sans conscience voudraient trop
souvent imposer, d'une manière injuste, la loi fatale des événements et réduire la morale sociale à une question de faits
accomplis. On évitera ces excès par l'alliance équitable de la
raison et de l'expérience.

Platon, dans la *République*, Rousseau, dans le *contrat
social*, ont fait de la politique idéale et utopise. Machiavel
dans le *Prince* a fait de la politique purement empirique.
Aristote, avant d'écrire sa *politique*, avait recueilli 150 cons-
titutions de villes particulières. Sa politique est bien supérieure
à celle de Platon.

Art. III. — De la Certitude.

La question de la certitude doit occuper une place dans la
Logique. A quoi bon donner des règles pour la recherche de
la vérité, s'il n'est pas certain que l'intelligence humaine
puisse la connaître ?

Il y a divers *degrés d'assentiment* de notre esprit à la
vérité.

La *certitude* est l'assentiment plein et entier de l'esprit à
une proposition évidente par elle-même ou par démonstration.

Le *doute* est la suspension du jugement. Dans le doute,
l'esprit peut être comparé à une balance dont les plateaux sont
en équilibre. On distingue le doute *négatif*, quand on n'a
pas examiné la question, et le doute *raisonné*, lorsque les
raisons pesées sont d'égale force et se détruisent.

L'*opinion* est l'assentiment donné avec restriction à une
proposition plus ou moins probable.

Différentes espèces de certitude. — La certitude exclut
toute crainte d'erreur. S'il y a le plus léger doute, il n'y a plus
qu'une opinion plus ou moins probable. Cependant, comme les
conditions pour acquérir la vérité varient suivant les objets de
la connaissance, on peut distinguer plusieurs sortes de certitude.

1° La certitude est *immédiate*, lorsque la connaissance est
intuitive, comme dans la connaissance du monde extérieur et
dans la conception des axiomes ; *médiate*, lorsque nous
n'atteignons la vérité que par le raisonnement.

2° La certitude peut être métaphysique, physique et morale.
La certitude *métaphysique* est celle qui se rapporte aux
vérités nécessaires et à celles qui s'en déduisent. De ce genre

est la certitude mathématique. La certitude *physique* est celle qui se rapporte aux objets extérieurs et repose sur le témoignage des sens. La certitude *morale* est celle qui repose sur les lois du monde moral et en parti ulier sur le témoignage de nos semblables, telle est la certitude historique.

Existence de la certitude. Scepticisme. — Il y a sur ce point deux systèmes, le dogmatisme et le scepticisme. Les Dogmatiques affirment l'existence de la certitude et la légitimité de nos connaissances. Les Sceptiques prétendent que l'homme ne peut rien affirmer avec certitude.

Si nous considérons ce qui se passe en nous lorsque nous sommes certains d'une vérité, nous sommes frappés de l'assurance où nous nous trouvons de ne pas nous tromper. Chacun de nous, par exemple, est certain de son existence personnelle. Quand je prononce intérieurement cette parole j'*existe*, je ne conçois pas même la possibilité d'une illusion. L'assentiment de mon intelligence est absolu. L'existence de la certitude est donc un fait. Le scepticisme soutient que nous ne pouvons rien connaître avec certitude. Quelques écrivains, avec plus ou moins de bonne foi, ont créé contre la certitude des objections plus ou moins spécieuses, qu'il est facile de réfuter. Pris dans son sens absolu, le scepticisme est en dehors de tout raisonnement, car pour raisonner il faut des principes, et le scepticisme n'en admet pas. Douter de la légitimité de nos facultés de connaître est contradictoire. Si vous accusez la raison, vous ne pouvez la traduire que devant le tribunal de la raison. Pourquoi interroger sur ce point la raison si on n'a pas confiance en elle? Attaquer la raison par le raisonnement, comme le font les sceptiques, est une contradiction : à qui nie la Raison il n'y a pas de raisons à donner. Le scepticisme est la négation de la nature intelligente de l'homme. C'est de plus une vaine spéculation démentie par les faits. Les sceptiques sont semblables à des gens qui marchent sur leurs mains pour amuser le public, ils retombent sur leurs pieds quand on ne les regarde plus. Le scepticisme s'appelle souvent Pyrrhonisme, quoi qu'il ne soit pas certain que Pyrrhon ait été un sceptique absolu.

Arcélisas et Carnéade, de la nouvelle académie, ont enseigné que l'intelligence humaine ne peut arriver qu'à la *probabilité* ou à la *vraisemblance*.

L'*idéalisme* enseigne que toute connaissance est purement subjective. Sous ses différentes formes, l'idéalisme rejette la certitude de tout ce qui n'est pas un phénomène psychologique et pourrait être appelé le *phénoménisme*. Les idéalistes reconnaissent qu'ils éprouvent des impressions. Il leur semble que le monde existe ; mais existe-t-il réellement ? ils ne peuvent l'affirmer. Il leur semble que tel principe est vrai : est-il vrai en réalité ? Pour sortir de ce phénomisme, Kant et ses disciples ont imaginé l'*idéalisme transcendantal.* Ils ont supposé que, au lieu de recevoir du monde extérieur les idées qu'il en a, notre esprit impose à ce monde *ses formes* et par conséquent le fait tel qu'il est dans notre esprit. Si notre esprit était constitué autrement, ne verrait-il pas autrement toutes choses ? On peut dire en général que les idéalistes acceptent la vérité *sub-jective* ; ils doutent de la vérité *objective* : les choses sont vraies pour nous, mais sont-elles vraies en elles-mêmes ? — L'Idéalisme est un moyen terme impossible entre la certitude et le scepticisme absolu.

1° Les idéalistes admettent la certitude des faits de conscience et des apparences, parce que ces choses entraînent leur assentiment. Ils devraient donc appliquer cette règle à toute connaissance évidente.

2° S'ils acceptent le principe de contradiction, ils ne sont plus sceptiques, s'ils ne l'acceptent pas, ils ne peuvent plus être certains de leurs impressions, qui pourraient à la fois les affecter et ne pas les affecter.

3° Il y a des choses sur lesquelles le doute objectif n'est pas possible. Le tout est plus grand que la partie est un principe vrai pour tous et toujours.

L'idéalisme qui nie le monde extérieur mène à cette conclusion : les objets extérieurs sont des idées. Le bon sens répond : « mon cou peut n'être pour vous qu'une idée, mais est pour moi une réalité, et si je me casse le cou, je ne serai plus de ce monde. »

Le scepticisme est absurde en théorie et impossible en pratique. Montaigne a dit qu'il est un oreiller bien doux pour une tête bien faite, mais c'est au contraire un état anormal et violent. Il sape toutes les croyances morales et religieuses. « On ne saurait faire la part au scepticisme, dit Royer-Collard, quand il pénètre dans l'entendement, il l'envahit tout entier. » Le doute a pourtant sa place légitime dans la science et dans la pratique de la vie. C'est une partie de bien juger que de douter quand il faut. Le vrai moyen d'arriver à la vérité c'est de ne pas se hâter de conclure.

Le doute cartésien ou doute *méthodique* consiste à reconnaître sa propre ignorance sur les choses qu'on étudie : on procède comme si la solution cherchée était inconnue et l'on

attend que la lumière de l'évidence se fasse dans l'esprit avant
de rien affirmer. Descartes s'est quelquefois exprimé avec
quelque exagération ; mais son doute diffère de celui des sceptiques : il repose sur la croyance à la vérité.

Le critérium de la certitude est la marque distinctive du
vrai, ou le signe auquel on reconnaît qu'une chose est vraie.
Le critérium de la vérité, c'est l'*Evidence*, que les scolastiques
définissent : *fulgor veritatis assensum mentis rapiens* :
C'est une clarté qui s'impose à l'intelligence et force l'assentiment de l'âme. La certitude suppose la vérité se manifestant
clairement à l'esprit par sa propre évidence ou par l'évidence
des preuves qui l'établissent. On me demande pourquoi je
suis certain, je réponds : parce que je vois. Il en est de l'évidence comme de la lumière. De même que la lumière, qui a
la propriété de rendre visible le corps qu'elle éclaire, est
visible par elle-même, de même l'évidence qui rend les choses
intelligibles à l'esprit est intelligible par elle-même et ne ré-
clame pas d'autre secours pour s'imposer à l'intelligence.

Reid et l'école écossaise ont admis comme critérium le *sens
commun*, cette propension invincible et constante qui nous
fait prononcer une foule de jugements. Le sens commun est
la forme la plus simple et la plus générale de la raison (le bon
sens). Mais c'est à l'évidence elle-même que le sens commun
doit sa valeur. De plus, il y a des vérités bien démontrées qui
sont au-dessus du sens commun : on ne peut pas invoquer
contre ces vérités l'autorité du sens commun. Mais nous pouvons invoquer l'autorité du sens commun contre les philosophes
qui mettent en doute la réalité des choses extérieures et les
vérités évidentes.

Lamennais enseignait que la raison individuelle est impuis-
sante et en appelait au *consentement universel*. Système
contradictoire. Par quel moyen pourra-t-on s'assurer du consentement universel, si ce n'est par le moyen des facultés qu'on
a commencé par mettre en doute ?

Valeur du consentement universel. — Il peut être une
garantie de la certitude : 1° S'il est réellement général, d'une
universalité morale, que n'empêchent pas quelques voix dis-
cordantes ; 2° S'il porte sur des faits et des vérités que les
hommes peuvent attester, et non sur des vérités scientifiques
que Dieu a livrées aux disputes des hommes et qui ne concernent
pas nos devoirs et notre destinée. La croyance universelle
à une doctrine morale importante ne peut être une erreur.

Une défaillance intellectuelle ne peut pas ainsi se produire d'une manière identique dans tous les temps et dans tous les pays.

Sciences historiques. — Les sciences historiques reposent sur le témoignage des hommes. On appelle témoignage l'attestation d'un fait. Ne remplissant qu'un point de l'espace et de la durée, l'homme doit naturellement recourir à ce mode de connaître la vérité. L'autorité du témoignage repose sur le double instinct de *véracité* et de *crédulité*, qui nous porte à attester ce qui est et à croire ce qu'on nous atteste. Tout témoignage ne mérite pas l'assentiment. Il faut qu'il soit entouré de certaines conditions qui nous montrent qu'il est conforme à la vérité.

Conditions du témoignage pour les faits contemporains : 1° Les faits attestés doivent être sensibles, publics, importants, possibles ; 2° Les témoins doivent être, autant que possible, nombreux, opposés d'intérêts, d'accord au moins sur la substance des faits.

L'Histoire est le récit des faits importants de la vie des peuples et des individus. La critique historique est l'art de juger l'histoire et les historiens. Les *sources* de l'histoire sont : La tradition, les monuments, les écrits.

La *tradition* est la transmission orale des événements de génération en génération. Tout récit composé plus d'un siècle et demi après l'événement est traditionnel. La tradition perd en autorité à mesure que les faits s'éloignent. Un fait public, important, admis chez plusieurs peuples est digne de confiance pour la substance du fait.

Les *monuments* sont tous les objets matériels qui peuvent rappeler les faits accomplis : temples, statues, médailles, arcs de triomphe. Il faut constater l'authenticité des monuments et s'assurer de la sincérité de leurs inscriptions, qui sont souvent inspirées par la flatterie.

Les *écrits* forment la source principale de l'histoire. Il faut s'assurer de l'authenticité, de la véracité et de l'intégrité de ces écrits.

Critique du témoignage. — L'histoire est la mémoire de l'humanité. La loi du témoignage peut s'exprimer ainsi : toute affirmation sincère d'une connaissance certaine doit être acceptée comme l'expression de la vérité. Le scepticisme historique n'est pas soutenable. Douterons-nous de l'existence de Louis XIV ? Il est facile d'opposer des sophismes. L'autorité

d'un témoignage isolé n'offre qu'une probabilité, donc tout
témoignage ne sera jamais que probable. C'est le sophisme du
chauve. Il est telles circonstances où la conviction est complète. Quand des témoins nombreux, compétents, désintéressés
sont unanimes sur une question de fait, le doute disparaît, il y
a la certitude. Tout a sa raison ; or la seule raison possible de
l'accord des témoins dans le cas précité, c'est l'exactitude des
faits. Il y a en histoire des faits incontestables, des faits vrai-
semblables, probables ou douteux. C'est à la critique historique
qu'il appartient de fixer ces degrés.

La méthode historique est la méthode inductive : c'est une
science de faits. Mais ici des *témoignages*, qui sont des faits,
on arrive aux événements, qui sont aussi des faits. Si l'induction est l'interprétation de la nature, l'histoire est l'interprétation du témoignage humain. Les faits étant constatés et réunis
en nombre suffisant, l'histoire s'élève par la méthode inductive
aux lois qui régissent les événements humains. Tout en
s'efforçant de découvrir les causes secondes des événements,
l'historien ne doit pas oublier l'action providentielle qui gouverne toutes choses tout en respectant la liberté humaine. C'est
la grande loi de l'histoire.

Nature causes et remèdes de l'erreur.

L'erreur est la croyance à la vérité d'un jugement qui est
faux. Ignorer, c'est ne pas savoir. Errer, c'est ne pas savoir et
croire savoir, c'est une double ignorance. Nos facultés intellectuelles bien employées nous conduisent à la vérité. Mais il faut
reconnaître la faiblesse de notre esprit et l'imperfection de nos
moyens de connaître. Une règle générale pour garantir notre
esprit de l'erreur, c'est de ne pas affirmer plus qu'il ne voit et
de s'abstenir de juger toutes les fois qu'il ne voit pas clairement. Nous aurons ainsi des connaissances limitées mais sûres.
« Ce que je sais, je le sais bien ; mais je sais peu de chose,
parce que je suis un être borné et imparfait. »

Plusieurs causes de nos erreurs sont des causes morales :
L'orgueil, l'intérêt, nos affections, nos haines, la coutume, les
préjugés d'école et d'éducation.

Les faux raisonnements s'appellent *sophismes*.

Il y a les sophismes de grammaire ou de mots, qui consistent
à altérer le sens des mots, à le détourner. On passe du sens
divisé au sens composé, du sens propre au sens figuré :

L'équivoque et l'ambiguïté consistent à employer un mot dans un double sens. On évite ou on résout ce genre de sophisme en restituant à chaque terme sa signification propre.

Les sophismes de pensées sont : 1° L'*ignorance du sujet*. Il s'agit d'une chose, nous parlons d'une autre. Les questions mal posées engendrent et éternisent les disputes.

2° La *pétition de principe* suppose prouvé ce qui est à prouver. Le Lion de La Fontaine fait une suite de pétitions de principe.

3° Le *cercle vicieux* consiste à prouver deux choses l'une par l'autre. Descartes prouve la légitimité de nos facultés par la véracité divine, et ensuite il prouve Dieu et ses perfections en se confiant à nos moyens de connaître.

4° Prendre pour cause ce qui n'est pas cause : *l'horreur du vide*, dans l'ancienne physique.

5° Le sophisme de l'*accident*. Ce médecin a guéri son malade, donc il est bon médecin. Il y a des êtres dégradés dans la Société, donc l'état social est mauvais.

6° Le dénombrement imparfait, qui consiste à tirer une conclusion de quelques faits peu nombreux ou mal observés. Un historien prétend expliquer tous les événements par l'influence des races et du climat, sans tenir compte de la liberté humaine et de l'action providentielle. Herbert Spencer explique les actions humaines par des habitudes héréditaires, sans tenir compte de l'action personnelle.

Port-Royal ajoute les sophismes de la vie civile.

Il n'y a pas d'erreur absolue et complète. L'erreur, dit Bossuet, est fondée sur une vérité dont on abuse. Pour éviter l'erreur, il faut bien observer les règles de la logique et de la méthode, ramener le raisonnement aux formes les plus simples, éviter les fausses associations. Il faut prolonger l'examen, éviter la précipitation, juger autant que possible avec sang-froid et sans préjugés, aimer la vérité. Dans les questions qui entraînent une conclusion pratique l'erreur a souvent sa source dans un vice de la volonté, et dans ce cas, l'erreur est coupable.

Notions de métaphysique.

La métaphysique, appelée par Aristote la *philosophie première*, est *la science des premiers principes et des premières causes*. Elle se divise en *métaphysique générale*, qui traite de l'Être en général et des principes communs à toutes les sciences et en *métaphysique spéciale*, qui traite des diverses catégories d'êtres : les corps, les âmes et Dieu,

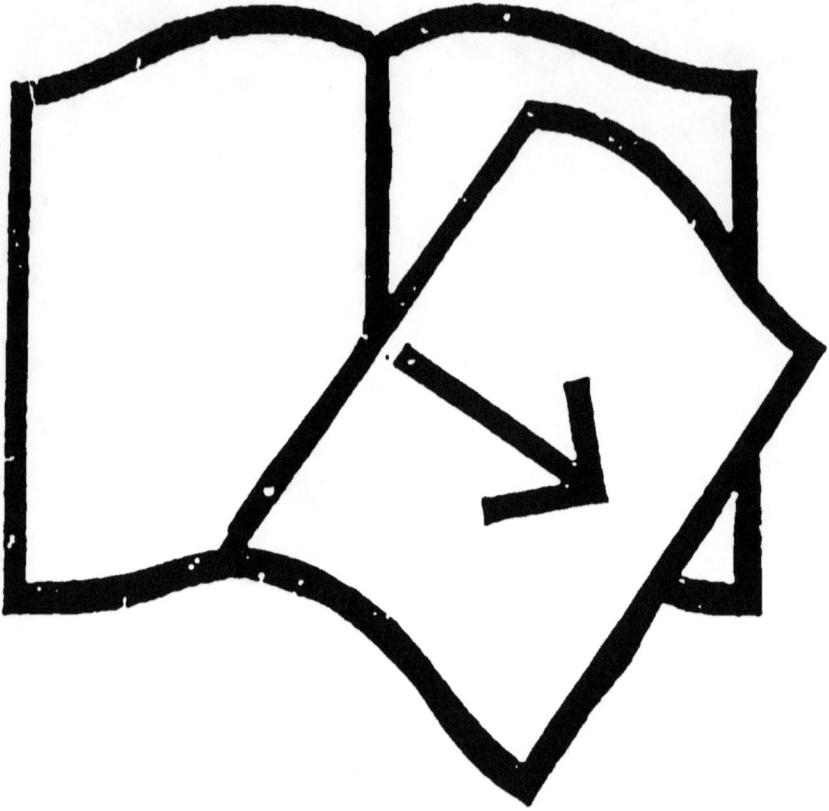

Documents manquants (pages, cahiers...)
NF Z 43-120-13